Rabah Ferhoum

Comportement mécanique de polyéthylène a haute densité

Rabah Ferhoum

Comportement mécanique de polyéthylène a haute densité

Comportement mécanique du PEHD à l'état vierge et après vieillissement thermique : Etude Expérimentale et Numérique

Presses Académiques Francophones

Impressum / Mentions légales

Bibliografische Information der Deutschen Nationalbibliothek: Die Deutsche Nationalbibliothek verzeichnet diese Publikation in der Deutschen Nationalbibliografie; detaillierte bibliografische Daten sind im Internet über http://dnb.d-nb.de abrufbar.

Alle in diesem Buch genannten Marken und Produktnamen unterliegen warenzeichen-, marken- oder patentrechtlichem Schutz bzw. sind Warenzeichen oder eingetragene Warenzeichen der jeweiligen Inhaber. Die Wiedergabe von Marken, Produktnamen, Gebrauchsnamen, Handelsnamen, Warenbezeichnungen u.s.w. in diesem Werk berechtigt auch ohne besondere Kennzeichnung nicht zu der Annahme, dass solche Namen im Sinne der Warenzeichen- und Markenschutzgesetzgebung als frei zu betrachten wären und daher von jedermann benutzt werden dürften.

Information bibliographique publiée par la Deutsche Nationalbibliothek: La Deutsche Nationalbibliothek inscrit cette publication à la Deutsche Nationalbibliografie; des données bibliographiques détaillées sont disponibles sur internet à l'adresse http://dnb.d-nb.de.

Toutes marques et noms de produits mentionnés dans ce livre demeurent sous la protection des marques, des marques déposées et des brevets, et sont des marques ou des marques déposées de leurs détenteurs respectifs. L'utilisation des marques, noms de produits, noms communs, noms commerciaux, descriptions de produits, etc, même sans qu'ils soient mentionnés de façon particulière dans ce livre ne signifie en aucune façon que ces noms peuvent être utilisés sans restriction à l'égard de la législation pour la protection des marques et des marques déposées et pourraient donc être utilisés par quiconque.

Coverbild / Photo de couverture: www.ingimage.com

Verlag / Editeur:
Presses Académiques Francophones
ist ein Imprint der / est une marque déposée de
OmniScriptum GmbH & Co. KG
Heinrich-Böcking-Str. 6-8, 66121 Saarbrücken, Deutschland / Allemagne
Email: info@presses-academiques.com

Herstellung: siehe letzte Seite /
Impression: voir la dernière page
ISBN: 978-3-8381-4022-3

Copyright / Droit d'auteur © 2014 OmniScriptum GmbH & Co. KG
Alle Rechte vorbehalten. / Tous droits réservés. Saarbrücken 2014

Comportement mécanique du PEHD à l'état vierge et après vieillissement thermique : Etude Expérimentale et Numérique

Présentée par
FERHOUM Rabah
DOCTEUR
En Génie Mécanique

Remerciements

Je tiens à remercier toute les personnes qui m'ont aidé durant cette expérience, qui m'ont soutenu ou qui ont tout simplement pris le temps d'échanger leurs points de vue avec moi. Je commencerais en premier lieu par Mr ABERKANE Meziane, qui ma fait confiance en me prenant sous son aile. Il a été disponible et patient avec toujours l'envie de me transmettre son savoir.

Je remercie également Monsieur OULD OUALI Mohand pour sa bonne humeur, ses idées et ses conseils éclairés par son expérience dans le domaine de modélisation et ses très larges compétences scientifiques.
Que ce soit pour m'aider à utiliser des moyens de caractérisation physico-chimique ou pour modifier des dispositifs, je remercie vivement Mr HOCINE Smain. Il a été à l'écoute de mes attentes et il a répondu présent même dans l'urgence.

Ce travail a fait l'objet d'une collaboration importante et fructueuse avec Polytech'Lille (France), je remercie donc tous ceux qui ont donné un peu de leur temps pour travailler avec moi en particulier Monsieur NAIT ABDELAZIZ.

Voilà venu le moment de remercier tous ceux qui ont aussi (et oui !) contribué à la réussite de ce travail par leur rôle, justement, à l'extérieur du labo (la vie est un équilibre et il n'y a pas que le boulot, aussi motivant et prenant soit-il), c'est à dire la famille (ma femme et ma fille « thanina »), les potes, les compagnons…..La liste est longue, pour que personne ne se sente vexé !!) : Papa, maman, fréro, sœurs, merci.

Et je n'oublierais pas de remercier les responsables Algériens et Français du CMEP accord programme N°07 MDU 720 et de l'Egide pour le financement et l'organisation de la mobilité avec laquelle j'ai pu effectuer mes divers stages à Polytech'Lille dans les conditions les meilleures.

Table des matières

Table des matières	3
Introduction générale	7
Chapitre I : Introduction aux polymères solides	
I.1 Introduction	12
I.2 Généralités	12
I.3 Comportement thermique	13
I.3.1 Température de transition vitreuse	14
I.3.2 La cristallisation et la fusion	16
I.3.3 Phénomènes de relaxation/Mouvement moléculaire	17
I.4 Propriétés Mécaniques	18
I.4.1 La viscoélasticité	18
I.4.2 La limite élastique	18
I.4.3 Plasticité des polymères	20
I.5 Etat de l'art sur le comportement mécanique des polymères semi cristallins	21
I.5.1 Introduction	21
I.5.2 Morphologie et microstructure des polymères semi cristallins	21
I.5.3 Endommagement des polymères semi cristallins	24
I.5.4 Micromécanismes d'endommagement des polymères semi cristallins	28
I.5.5 Relation entre la microstructure et propriétés mécaniques pour les polymères semi cristallins	31
I.5.5.1 Réponse mécaniques en petites déformations	31
I.5.5.2 Réponse mécaniques en grandes déformations	35
I.5.6 Effet de la triaxialité sur le comportement du PEHD	37
I.5.7 Apparition des instabilités plastiques	38
I.6 Vieillissement d'un polymère	39

Table des matières

I.6.1 Vieillissement sans transfert de masse	40
I.6.2 Vieillissement par absorption de solvant	41
I.6.3 Plastification	42
I.6.4 Gonflement	42
I.6.5 Post-cristallisation	44
I.7 Modélisation du comportement mécanique des polymères semi cristallins prenant en compte l'endommagement	45
I.7.1 Modèle de Zaïri et al concernant les polymères semi cristallins	46
I.7.2 Quelques modèles phénoménologiques d'endommagement	49
I.7.3 Les modèles en hyperélasticité isotrope	52
I.7.4 Les modèles en hyperélasticité anisotrope	54
Conclusion	56
Chapitre II : Programme expérimental et premières observations	
II.1 Polymère étudié	59
II.2 Moyens d'essai	60
II.2.1 Analyse par thermogravimétrie	60
II.2.2 Méthode du vieillissement accéléré	60
II.2.3 Diffractométrie de rayons X	61
II.2.4 Spectroscopie Infrarouge a Transformée de Fourier (IRTF)	63
II.2.5 Calorimétrie différentielle (DSC)	65
II.2.6 Analyse mécanique dynamique (DMA)	66
II.2.7 Essai de vidéotraction et mesure tridimensionnelle des déformations	67
II.2.7.1 Géométrie et préparation des éprouvettes	70
II.2.8 Protocole expérimental	71

Table des matières

II.3 Résultats expérimentaux	72
II.3.1 Résultats d'analyses par thermogravimétrie (ATG)	72
II.3.2 Comportement mécanique du PE 100 à l'état vierge	74
II.3.2.1 Sensibilité du PEHD à la vitesse de déformation	75
II.3.2.2 Schéma de formation de craquelures dans le PEHD	76
II.3.3 Comportement mécanique du PE 100 après vieillissement thermique	80
II.3.3.1 Mesure des coefficients de poisson	84
II.3.3.2 Résultats de la diffractométrie de rayons X	85
II.3.3.3 Résultats de la spectroscopie IRTF	87
II.4 Conclusion	94
Chapitre III : Modélisation du comportement mécanique du Polyéthylène à Haute Densité- Approche DNLR	
III.1 Mise en œuvre numérique des lois de comportement issues d'une analyse modale de la dissipation	96
III.1.1 Introduction	96
III.1.2 Equations constitutives du modèle DNLR	98
III.1.2.1 Equation de conservation des espèces	99
III.1.2.2 Deuxième extension de la loi fondamentale de GIBBS	100
III.1.2.3 Thermodynamique des variables internes	101
III.2 Lois d'états	103
III.3 Evolution des variables dissipatives. Hypothèses de la TPI	106
III.3.1 Hypothèse de linéarité thermodynamique	106
III.3.2 Hypothèse de linéarité cinétique	107
III.3.3 Découplage de MEIXNER- modes dissipatifs normaux	108
III.3.4 Analyse des temps de relaxation	109

	III.3.4.1 Temps de relaxation initial au voisinage de l'équilibre	109
	III.3.4.2 Introduction des non linéarités	111
	III.3.4.3 Spectre des relaxations	114
	III.3.4.4 Dépendance en température des temps de relaxation	115
	III.3.4.5 Distribution des temps de relaxation	115
III.4 Reformulation des équations constitutives de base		118
III.5 Modélisation des polymères semi-cristallins		121
III.6 Nouvelle formulation du modèle DNLR		128
	III.6.1 Proposition de l'approche avec prise en compte de l'endommagement	128
	III.6.2 Prise en compte des effets de vieillissement thermique	132
Conclusion		134
Chapitre IV : Confrontation du l'approche DNLR et des principaux résultats expérimentaux		
IV.1 Identification des paramètres		135
IV.2 Sensibilité des réponses du matériau aux différents paramètres du modèle		139
	IV.2.1 Effet des principaux paramètres sur la contrainte d'équilibre	140
	IV.2.2 Effet des principaux paramètres sur la contrainte relaxée	141
IV.3 Conclusion		143
Conclusion et perspectives		144

Introduction générale

Le réseau de distribution du l'eau potable s'agrandit régulièrement. Actuellement, la plus part des communes sont desservies par un réseau dont la taille atteint environ 170000 km. Les premiers réseaux de distribution étaient essentiellement constitués de tubes en acier et en fonte, mais depuis l'introduction du polyéthylène pour la fabrication des canalisations de l'eau potable à la fin des années 80, son utilisation ne cesse de s'accroître. Le choix du polyéthylène (PE) pour la fabrication des tubes de distribution de l'eau potable découle de nombreux avantages : technico-économiques procurés par ce matériau. Le PE est un matériau léger, ce qui facilite les opérations de manutention et de mise en oeuvre sur le terrain. Il possède une bonne résistance à la corrosion, quelles que soient les conditions au sol, ce qui permet d'éviter les surcoûts dû à l'application d'une protection passive ou active. De plus, les systèmes en PE supportent les effets des mouvements du sol dû aux instabilités et aux grandes variations de température. Du fait de leur bonne résistance à la fissuration, les canalisations en PE présentent un degré de fiabilité élevé dans des conditions d'utilisations normales. Dans ces conditions leur durée de vie est estimée à plus de 50 ans sur la base de courbes de régression construites à partir d'essais accélérés en pression hydraulique.

La déformation plastique des thermoplastiques semi cristallins a longtemps constitué un sujet d'actualité pour la communauté scientifique. Un comportement qui se caractérise par une grande diversité apparente dont les mêmes conditions expérimentales, on peut retrouver un grand nombre de types de comportement à savoir la viscoélasticité, hyperélasticité, élastoplasticité…..etc. La complexité microstructurale des polymères amorphes et semi-cristallins pose de sérieux problèmes [1-2]. En effet, bien que le cisaillement plastique à volume constant soit toujours considéré dans la littérature comme le processus majeur qui contrôle la plasticité. De nombreux travaux expérimentaux montrent que l'endommagement lors de la déformation plastique joue un rôle important [1] : i) blanchiment des éprouvettes après la limite élastique, ii) observation de craquelures, iii) phénomènes de cavitation. Une des caractéristiques les plus remarquables des thermoplastiques semi cristallins est leur faculté à subir une grande déformation plastique avant la rupture à température ambiante [2]. Ce phénomène provient en partie du fait que leur température de transition vitreuse (-125°C pour le PE) est située bien en dessous de la température ambiante. Contrairement aux polymères vitreux pour laquelle la déformation est localisée dans les bandes de cisaillement fines. Les polymères semi cristallins, la déformation plastique interviennent de façon macroscopique et non

Introduction Générale

homogène, ce phénomène de déformation plastique appelé striction ou instabilité plastique a été largement étudié [3-4]. La première description globale des mécanismes et des modifications microstructurales accompagnant les grandes déformations a été étudiée par Peterlin [5-6] qui observe le passage d'une structure lamellaire à une structure fibrillaire sous l'effet du chargement de traction.

De par leur diversité et leur large gamme d'applications, les polymères se sont imposés dans notre environnement. Dans le cas d'applications techniques, ces matériaux peuvent être exposés à des environnements agressifs conduisant à une altération de leurs propriétés. La dégradation des polymères à une grande influence sur leur comportement mécanique .Plusieurs travaux ont été faits sur l'influence de l'environnement sur la dégradation des matériaux polymères. On distingue deux types de processus qui sont fortement liés: physique et chimique. La dégradation des polymères (amorphe et semi-cristallins) peut être induite par irradiation UV, température, attaques physico-chimiques (l'eau, l'oxygène, etc.) et effort mécanique. Parfois la pollution environnementale affecte la vie des polymères et ce dû aux réactions chimiques possibles. Selon l'interaction chimique, les additifs peuvent modifier leur structure chimique et, par conséquent, réduire leur activité.

Actuellement, l'une des raisons principales est la crainte encore ressentie par les industriels envers les matériaux semi-cristallins dont ils ne maîtrisent pas totalement l'évolution du comportement dans le temps. Le polymère est en effet amené à subir des conditions climatiques extérieures qui peuvent altérer la structure chimique des macromolécules ou des adjuvants (vieillissement thermique ou chimique), la composition du matériau (pénétration ou départ de petites molécules), ou son état physique (taux de cristallinité, fraction de volume libre, contrainte interne,...), tous ces phénomènes peuvent faire évoluer les propriétés mécaniques des polymères au cours du temps [7-9].

La connaissance et la formulation des lois constitutives sont primordiales pour l'utilisation pratique des matériaux semi cristallins. En effet, ces lois permettent de relier les composantes de vecteur réponse β d'un milieu donnée aux diverses composantes de vecteur sollicitation γ impose par l'utilisateur. La thermodynamique des processus irréversibles des milieux continue, localement hors équilibre, est bien adaptée pour traiter ce problème.

Actuellement, trois écoles prévalant pour modéliser les effets expérimentaux.

Introduction Générale

- La première école est fondée sur l'existence de couples de variables internes (non définies a priori). Des développements théoriques importants sont apparus depuis l'introduction de ce concept par Meixner [l0]. Les variables internes, qui ne sont pas des variables d'état, permettent de définir le potentiel thermodynamique du milieu en cours d'évolution.

- La seconde école, baptisée thermodynamique rationnelle, est introduite par Coleman [11], Truesdell [12], puis Noll [13] dans les années 1960. La relation de Clausius Duhem joue un rôle central dans la théorie, tout comme le principe d'equipresence selon lequel potentiel thermodynamique, entropie et variables de flux dépendent tous des mêmes variables.

- La troisième voie se développe depuis les années 1970. Elle a été baptisée thermodynamique irréversible étendue [14]. Les auteurs postulent la forme d'une équation de Gibbs [15] généralisée prenant en compte le non équilibre local au travers de flux dissipatifs. La démarche utilisée dans la thermodynamique rationnelle est alors exploitée pour aboutir aux lois de comportement.

L'enjeu de ce travail que nous présentons est d'améliorer la connaissance de comportement mécanique du PEHD, d'étudier l'influence du vieillissement thermique sur les caractéristiques intrinsèques de notre matériau et la modélisation thermodynamique basé sur l'approche DNLR du comportement mécanique en traction.

Le premier objectif est la caractérisation du comportement mécanique du PE100 à l'état vierge. Les relations microstructures-propriétés mécaniques ont été analysées à partir de la caractérisation mécanique, physique et microstructurale.

Le deuxième objectif est l'étude de l'influence du vieillissement thermique accéléré sur le comportement mécanique et microstructurale de notre matériau. Ce travail passe par différents points :

- Une étude approfondie de déroulement de vieillissement thermique ;

- Une bonne connaissance de la matière afin de connaître son évolution au cours de vieillissement ;

- Une analyse mécaniques et microstructurales afin de déterminer certaines caractéristiques intrinsèques du matériau.

Introduction Générale

Le troisième objectif est la modélisation thermodynamique du comportement en grandes déformations du Polyéthylène à Haute Densité (PEHD) avec prise en compte des effets d'endommagement ainsi que les effets du vieillissement thermique. Pour cela nous avons développé un modèle utilisant l'approche DNLR développée par Cunat [16-20], basée sur la Thermodynamique des Processus Irréversibles (TPI) à l'échelle du Volume Elémentaire Représentatif (VER). Cette approche repose sur une généralisation de la relation de Gibbs [15] au cas où l'équilibre local est rompu. Elle se définit comme une extension des concepts initialement introduits par De Donder [21] : la dissipation locale peut être considérée physiquement comme le résultat de réorganisations internes assimilables à des réactions chimiques mal définies (stœchiométries inconnues) ; ces processus sont alors caractérisés par leurs degrés d'avancement et leurs affinités. L'idée est d'en réaliser une description modale y compris en présence de non linéarités.

Notre travail de thèse se décompose en quatre chapitres. Le premier chapitre décrira la morphologie, les relations microstructure/propriétés mécaniques, les effets de vieillissement thermique ainsi que leurs mécanismes de déformation et le rôle de différentes phases. A la suite de cette présentation, nous passerons en revue les principaux modèles dédiés à l'étude mécanique de l'endommagement.

Les caractéristiques du polyéthylène à haute densité étudié ainsi que les techniques expérimentales mises en œuvre feront l'objet de deuxième chapitre. Nous décrirons le protocole et la méthode de caractérisation des déformations, ainsi que l'ensemble des résultats expérimentaux obtenus principalement sous sollicitation uniaxiale.

La présentation de la modélisation du comportement mécanique du PEHD à l'état vieilli et vierge sera présentée dans un troisième chapitre. Nous commencerons par un exposé des fondements thermodynamiques constituant le cadre dans lequel nous formulons une loi spécifique. Cette approche a été utilisée avec succès ces dernières années, notamment pour simuler le comportement des polymères élasto-visco-plastique. Les travaux entrepris se sont surtout focalisés sur la définition et sur le rôle de l'état relaxé et du spectre des temps de relaxation dans la modélisation. Plusieurs écritures ont été proposées, nous n'évoquerons que celle de Loukil, M'Rabet et Arieby concernant la modélisation du comportement mécanique des polymères semi-cristallins, notamment le PEHD. Nous tenterons d'intégrer les effets d'endommagement ainsi que les effets de vieillissement thermique dans notre modèle.

Introduction Générale

Une confrontation avec des résultats expérimentaux fera l'objet du quatrième chapitre, ce qui nous permettra d'évaluer la pertinence de notre modèle, puis nous terminons notre travail par une conclusion générale et des perspectives.

Introduction au comportement des polymères solides

I.1 Introduction

Les polymères, appelés communément "matières plastiques", sont indissociables de notre environnement et de notre vie pratique. Ils se sont imposés dans tous les domaines de nos activités: des objets les plus banals jusqu'à des applications techniques sophistiquées, en passant par leur utilisation dans les produits d'hygiène ou alimentaires. Le plus souvent synthétiques, quelquefois naturels, ils doivent cet essor à leurs larges gammes de caractéristiques, durs, mous ou élastiques, transparents ou opaques, isolants et quelquefois conducteurs, plus ou moins résistants aux conditions agressives de leur usage, toujours légers. C'est la nature particulière de leurs molécules en forme de chaîne, ainsi que la variété des modes d'assemblage qu'elles adoptent, qui est à l'origine de cette diversité.

I.2 Généralités

Malgré de grandes différences de nature et de structure entre les métaux (et alliages) et les polymères, on observe paradoxalement de grandes similitudes dans leurs comportements macroscopiques. Ainsi, avec des ordres de grandeur différents, les termes d'élasticité, de viscosité, de déformation plastique, d'écrouissage, de rupture fragile, de rupture ductile, s'appliquent à tous ces matériaux. C'est ce qui justifie *a priori* l'approche globale de la *mécanique des matériaux* : à l'aide des concepts de la Mécanique des Milieux Continus, de la thermodynamique et de la rhéologie, elle permet de construire des modèles ne dépendant pas dans leurs fondements de la nature des matériaux. Ainsi, il n'est pas rare que des méthodes d'analyses des propriétés mécaniques mises au point pour les métaux soient appliqué aux polymères.

Toutefois, si le comportement rhéologique des matériaux semble mettre en jeu des phénomènes macroscopiques équivalents, ils se distinguent par les phénomènes élémentaires mis en jeu ainsi que par leur ampleur. C'est le cas par exemple pour la façon dont ils développent ou pas une striction (instabilité plastique observée en traction simple au delà d'une certaine déformation critique).

Expérimentalement, ce phénomène, qui se produit souvent au centre de l'éprouvette, se manifeste par une concentration locale de la déformation plastique. Pour un métal, cet amincissement local s'accentue de plus en plus jusqu'à conduire à la rupture de l'échantillon. Au contraire, pour certains polymères, l'amincissement de la striction se stabilise et on observe alors une propagation des épaules de la striction.

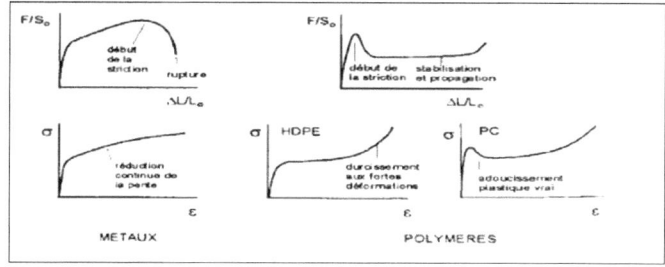

Figure I - 1: Evolution de la contrainte nominale et de la contrainte vraie pour les métaux et les polymères [12].

Cette différence se traduit schématiquement [13] par une évolution différente de la contrainte de Cauchy σ en fonction de la déformation logarithmique ε dans un essai de traction simple à vitesse de déformation vraie $\dot{\varepsilon}$ constante (Figure I -1). La principale différence entre ces deux types de matériaux réside donc dans cette reprise de l'écrouissage caractéristique des polymères (PE 100) auxquels nous limiterons cette étude.

Dans le cas du polyéthylène à haute densité, la courbe contrainte vraie – déformation vraie, nous avons un régime quasi – élastique puis un plateau viscoplastique et enfin un durcissement [14].

I.3 Comportement thermique

Les propriétés mécaniques des polymères dépendent fortement de la température. À basse température, la plupart des polymères présentent un état vitreux : ils sont rigides. Lorsque la température augmente, ils passent par un état de transition : pour une plage de températures spécifique du polymère, les chaînes macromoléculaires glissent les unes par rapport aux autres et le polymère se ramollit. Cette plage de températures est appelée température de transition vitreuse, notée T_g. À une température plus élevée, le polymère passe par un plateau caoutchoutique : son comportement est viscoélastique. À cet état, les forces de Van der Waals et la réticulation entre chaînes servent de force de rappel lorsque l'on déforme le matériau. Enfin, lorsque l'on élève la température de polymères peu réticulés, on peut assister à une phase d'écoulement visqueux, correspondant au désenchevêtrement des chaînes. Ce dernier comportement est utilisé pour mettre en forme les matières plastiques.

Les polymères étant utilisés la plupart du temps à température ambiante, on dit qu'ils sont élastomères si leur température de transition vitreuse est inférieure à la température ambiante (comportement caoutchoutique) [15] ; ils sont plastomères (comportement rigide) dans l'autre cas. La nature du polymère, sa masse moléculaire moyenne, son degré de polymérisation, sa structure influent énormément sur la largeur de ces différents domaines et sur leur seuil d'apparition en fonction du temps ou de la température.

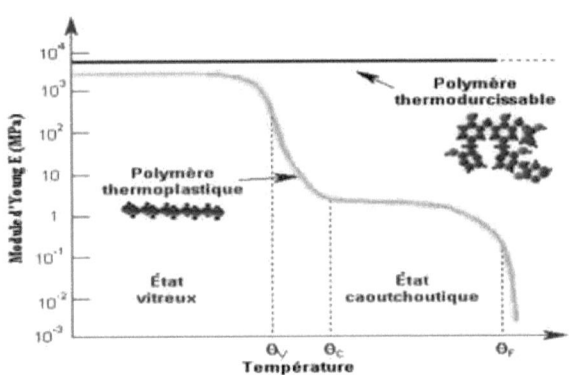

Figure I.2: Variation du module d'Young d'un polymère en fonction de la température [16]

I.3.1 Température de transition vitreuse

Pour la plupart des polymères il existe une température qui marque une frontière entre deux états fondamentaux: état vitreux et caoutchoutique.

Ce phénomène de frontière a été observé pour la première fois sur des élastomères (caoutchouc naturel). Très rapidement il a été aussi constaté sur l'ensemble des polymères thermoplastiques. La transition est d'autant plus apparente que le matériau est amorphe, car dans un polymère partiellement cristallin seule la partie amorphe est concernée par le phénomène. A titre d'exemple, ceci peut être illustré par les variations du volume spécifique en fonction de la température (figure I.3).

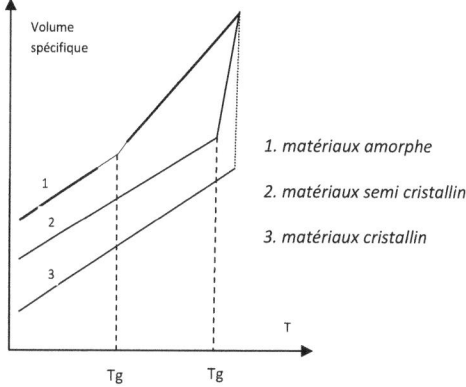

Figure I.3 : Variation du volume spécifique en fonction de la température pour des polymères Amorphe, partiellement cristallin et cristallin

Pour un polymère totalement amorphe on voit qu'il y a un changement de pente bien net. Par convention, la température de transition vitreuse correspond à l'intersection des deux pentes. En revanche, lorsque le polymère est totalement cristallin, on ne remarque aucune variation dans la pente de la courbe jusqu'au moment de la fusion. Il n'ya donc pas de T_g pour ce type de polymère.

Etat vitreux: À l'état vitreux (basse température) les mouvements moléculaires accessibles au polymère ne peuvent pas amorcer le coopératif le long du squelette de la chaîne. Les déformations accessibles sont donc faible et le module de Young est élevées, la déformation élastique est contrôlée par le terme enthalpique de son énergie interne, comme pour les métaux. Pour vitreux qu'il soit, le polymère n'est pas figé. Il existe toujours des fluctuations temporelles et spatiales de conformation. A forte contraintes le processus de déformation plastique peuvent être activé à température dite température de transition ductile/ fragile, inférieure à la température de transition vitreuse. Le comportement apparent du polymère lorsqu'il est vitreux est viscoélastique, viscoplastique, avec une ductilité macroscopique plus ou moins développée en fonction de la température et de la vitesse.

Zone de transition : La zone de transition, associée à la relaxation vitreuse, ou zone de viscoélastique marque le moment ou des changements de confirmation globale, c'est-à-dire des mouvements coopératifs le long de squelette de la chaîne, deviennent possible. Le module de Young décroît donc rapidement et le comportement est très évolutif.

Zone caoutchoutique : sur la zone caoutchoutique la température est suffisante pour que la chaîne balais spontanément toutes ses conformations possibles en temps très court devant le temps représentatif de la sollicitation. Par contre, la température est trop faible pour autoriser le désenchevêtrèment des chaînes à grande échelle. Macroscopiquement, les chaînes apparaissent donc souples mais l'écoulement est interdit. Le matériau devient progressivement hyper -élastique, en fait, visco hyper élastique, s'il n'est pas réticulé. Les processus plastiques cèdent le pas à l'élasticité entropique aux grandes déformations. Le plateau caoutchoutique d'un semi cristallin est plus haut et plus long que celui d'un amorphe. Ces deux points expliquent qu'un semi cristallin, tel le PP ou le PE, peut être utilisé au dessous de sa transition vitreuse, tandis qu'un amorphe, tel le PS, sera limité à son plateau vitreux. Pour utiliser un amorphe au-delà de sa transition vitreuse il faut le réticuler. Un polymère semi cristallin reste donc visco plastique, avec un durcissement structurel et/ou endommagement, sur son plateau caoutchoutique.

Zone fluide : la zone fluide apparaît quand les désenchevêtrèment devient probable. Les chaînes apparaissent statistiquement indépendantes les unes des autres. La sollicitation pourra donc très facilement les déplacer les unes par apport aux autres. Le comportement devient majoritairement visqueux, mais reste viscoplastique.

I.3.2 La cristallisation et la fusion

Tout comme dans d'autres solides cristallins, la **fusion** est une transition de première ordre qui a lieu à une température relativement bien définie. Par contre, la **cristallisation** dépend de la cinétique d'arrangement des chaînes moléculaires.

La structure cristalline correspond à l'état thermodynamiquement la plus stable. Néanmoins, la cristallisation nécessite l'alignement ordonné des chaînes, condition difficile à remplir si la chaîne polymère possède des groupes latéraux encombrants et disposés de manière aléatoire (polystyrène, poly (méthylméthacrylate), copolymères statistiques). Même pour des polymères parfaitement linéaires comme le PEHD, l'orientation complète de toutes les chaînes ne peut avoir lieu et les régions cristallines (les cristallites) sont séparées les unes des autres par des zones amorphes.

L'importance et la taille des cristallites dépendent de l'histoire thermique de l'échantillon. Le taux de cristallinité sera faible pour un polymère semi-cristallin qui a été trempé rapidement. En réchauffant en dessus de T_v, la mobilité segmentale permet un réarrangement des chaînes, entraînant une augmentation de la cristallinité. Toutefois, à une température proche de T_m, l'agitation thermique est suffisante pour casser les interactions intermoléculaires et faire fondre les cristallites. La vitesse de cristallisation devra donc passer par un maximum entre T_v et T_g.

I.3.3 Phénomène de relaxation /mouvement moléculaires

Quand la déformation est appliquée à un polymère à l'état fondu, ses segments moléculaires s'orientent dans la direction de la déformation .Les molécules perdent leur forme initiale de pelote, connue pour être la forme la plus stable d'un point de vue entropique. Dans un premier temps, le polymère, réagira alors comme un solide élastique, capable de stocker de l'énergie et de l'utiliser pour retrouver sa forme initiale. Ensuite, les molécules vont peu à peu se réorganiser dans l'espace, en bougeant les unes par apport aux autres et se libérant des contraintes créées lors de la déformation. Ainsi, malgré que la déformation reste appliquée ; elles retrouveront peu à peu leur forme stable de pelote et, comme les liquides Newtoniens ; ne seront plus capables de retrouver leur état initial. C'est ce mécanisme qui s'appelle relaxation polymère. Les différentes étapes de la relaxation d'un polymère sont représentées par la figure I.4

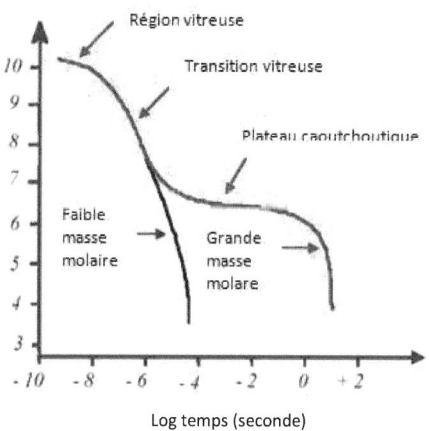

Figure I.4 : Module de Young en fonction de temps [16]

1.4 Propriétés mécaniques

Les propriétés mécaniques décrivent leur comportement vis à vis des sollicitations mécaniques telles que pressions, étirements, torsions, frottements, chocs et effets de la pesanteur. Autrement dit, est-ce que la structure et la forme du polymère sont stables dans le temps, même s'il est un peu bousculé? Certains polymères seront appréciés pour leur bonne stabilité dimensionnelle (par exemple les polyesters aromatiques). D'autres, les élastomères, seront recherchés pour leur élasticité qui leur confère une excellente capacité d'absorption des chocs.

I.4.1 La viscoélasticité

La viscoélasticité est la caractéristique principale des polymères, faisant l'hypothèse que la viscoélasticité est linéaire, c'est à dire que le comportement de solide élastique et du liquide visqueux linéaire coexistent simultanément, cela signifier que la relation entre contrainte et déformation reste toujours la même quelle que soit l'évolution du matériau au cours de la déformation. Une manière schématique on peut résumer le comportement viscoélastique en traçant la courbe de déformation en fonction du temps du solide élastique, du liquide visqueux et du corps viscoélastique lorsqu'ils sont soumis à une charge constante.

I.4.2 La limite élastique

Certains polymères ne présentent pas de limite élastique évidente. C'est le cas des polymères fragiles pour lesquels l'échantillon rompt au cours de stade viscoélastique, ou bien des élastomères, caractérisés par leur comportement hyperélastique. Lorsqu'une limite élastique se produit, en général pour une déformation de l'ordre de quelques pour cent, elle se manifeste :

- Soit sous la forme d'un maximum local de la courbe représentant l'évolution de la contrainte vraie en fonction de la déformation vraie ;
- Soit sous la forme d'un brusque changement de sa pente.

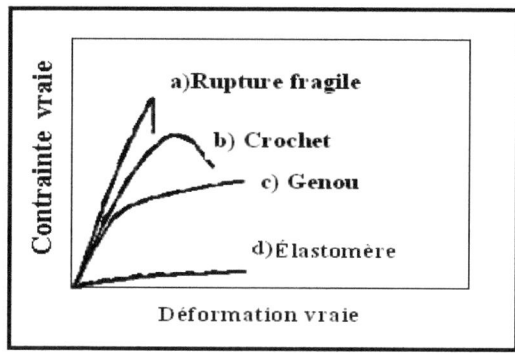

Figure I.5: Comportements typiques des polymères [17].

Le premier cas est appelé « crochet » (caractéristique de certains polymères amorphes), le second « genou » (polymères semi-cristallins en général ainsi que quelques polymères amorphes).

L'amplitude du crochet est extrêmement sensible à l'histoire thermomécanique du matériau. En effet, il peut être entièrement supprimé par un cyclage plastique du matériau, tout en étant susceptible d'être restauré après un recuit à une température proche de la température de transition vitreuse Tg. Il est en outre très sensible à la vitesse de sollicitation, pouvant ainsi disparaître dans le cas d'essais très lents [17]. Cet adoucissement au seuil d'écoulement plastique ne peut être dû à un effet d'orientation et les causes de son apparition doivent être cherchées au niveau des modifications structurales plus fines. Ce maximum de contrainte est souvent choisi, par convention, comme seuil de plasticité. Dans le cas d'un genou, on choisit la limite élastique au point où la courbe s'écarte de la droite élastique initiale d'un pourcentage spécifié. Dans les deux cas, nous noterons σ_y la valeur de la limite élastique. De nombreux auteurs se sont intéressés à la limite élastique des polymères, tant en ce qui concerne ses aspects phénoménologiques (critères de plasticité) que son interprétation microstructurale.

En tout état de cause, une certaine ambiguïté subsiste au niveau de la limite élastique, la part de la déformation viscoélastique à recouvrance lente étant difficile à déterminer. La seule certitude est que, une fois passé le seuil que nous venons de définir, la déformation reste majoritairement irréversible à l'échelle du temps de l'essai.

I.4.3 Plasticité des polymères

La déformation plastique, ou plus précisément la ductilité apparente, est accessible par l'amorçage local dans l'amorphe, des micro domaines déformés qui autorisent, suivant les matériaux, des processus élémentaires de types craquelure, bande de cisaillement ou plus complexe de type de cavitation.

La phase cristalline se comporte comme tout cristal à la différence que certain système de glissement sont interdits par la présence de la molécule qui est plus ou moins parallèle à un axe de la maille.

Cette plasticité des processus donne à la « plasticité » des polymères des caractéristiques que nous résumerons ici :

1. Forte sensibilité a la température et à la vitesse de sollicitation ; c'est-à-dire que le seuil est d'autant plus élevé que la vitesse est grande ou la température est basse ;
2. L'existence de transition « ductile/fragile », car tous les processus de plasticité locaux ne conduisent pas à une même ductilité apparente ces transitions seront visibles :
   - Soit en température ;
   - Soit en vitesse ;
   - Soit avec le mode de chargement, tous les processus n'étant pas amorcés par les mêmes termes de tenseur des contraintes ; ainsi le polymère peut apparaître fragile en traction et ductile en compression ou cisaillement. Notons que un chargement triaxial peut fragiliser les polymères.
3. La dépendance des surfaces de charge avec le terme de pression hydrostatique ou, d'autre terme, la dépendance du seuil de plasticité envers le mode de sollicitation (plus élevé en compression qu'en traction par exemple)
4. L'existence de variation de volume en cours de déformation plastique, ce qui à une répercussion forte sur la modélisation du comportement des polymères.

Durant sa phase de déformation plastique, le polymère, peut être le siège d'un durcissement structural, associé à l'orientation moléculaire et à la texture du cristal (quand il existe) voir à la cristallisation induite par la déformation. Il peut être aussi le siège de processus d'endommagement.

I.5 Etat de l'art sur le comportement mécanique des polymères semi cristallins

I.5.1 Introduction

Le polyéthylène a haute densité, PEHD, est un polymère semi cristallin, a fait l'objet de nombreux travaux et est souvent considéré comme un matériau modèle pour l'étude du comportement mécanique vu sa structure amorphe et cristalline au même temps. Le développement d'une loi de comportement efficace passe par la compréhension et la modélisation des phénomènes microstructuraux. La maîtrise du comportement mécanique de notre matériau nécessite la connaissance du rôle qui joue la microstructure ainsi que le processus de l'endommagement apparaissant aux grandes déformations.

I.5.2 Microstructure et morphologie des polymères semi-cristallins

La cristallinité de ce type de polymères résulte d'empilements réguliers de chaînes macromoléculaires. Leurs extrémités étant différentes du reste du polymère, ces macromolécules ne peuvent être entièrement régulières, en conséquence, il y a coexistence de phases amorphe et cristalline, [19]. Cette microstructure a d'abord été décrite à l'aide d'un modèle dit de « micelles à franges » [20-22], dans lequel les zones cristallines sont représentées par des séquences ordonnées où les chaînes sont alignées (figure 1.6.a). La taille des zones cristallines, ou celle des micelles, y est estimée à 5-50 nm. Compte tenu de leur longueur, les macromolécules peuvent faire partie de plusieurs cristallites, orientées aléatoirement, et traverser des zones moins ordonnées.

On peut distinguer deux configurations extrêmes de repliements des chaînes macromoléculaires : le repliement serré (figure 1.6.b) et le repliement désordonné (figure 1.6.c). Dans ce dernier cas, une même chaîne peut donc participer à la fois à la phase amorphe et à la phase cristalline, contrairement au premier mode de repliement où la chaîne participe seulement à la formation de la cristallite [22-24].

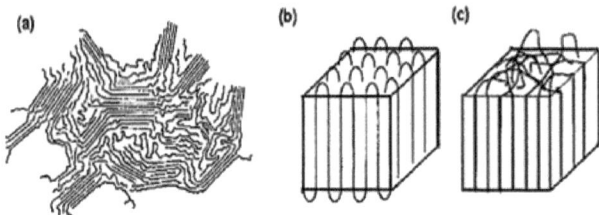

Fig. I.6 : arrangement des chaînes a) micelles frangées, b et c) repliements successifs serrés et désordonnés

D'après J.M Haudin et P.B. Bowden [25-29], selon l'échelle d'observation on peut d'écrire trois niveaux :

Le premier niveau de l'observation varie entre 0,1 à 1,0 nm, on constate les interactions entre les segments de chaînes voisins contrôlant le comportement de la phase amorphe. A l'intérieur d'une cristallite, des défauts provoquent des augmentations locales de distances inter-chaînes et favorisent le glissement des chaînes les unes par rapport aux autres (figure 1.7.a).

Dans la couche de phase amorphe, on retrouve des brins de chaînes, mais aussi des parties de chaînes appartenant à deux cristaux voisins. Ces chaînes dites liées déterminent la continuité du matériau, régissant ainsi son niveau de résistance mécanique. Vu l'orientation du cristal, cela engendre une certaine anisotropie. Les déformations intervenant perpendiculairement à l'orientation de la lamelle cristalline, se produiront plus difficilement que dans le sens parallèle. Ce mécanisme correspond au deuxième niveau (figure 1.8.b et c).

Le troisième niveau d'observation, correspond à la croissance du cristal, conduisant à la formation de sphérolites (figure 1.8.d). Les lamelles cristallines dans un sphérolite sont reliées par la phase amorphe. Ces sphérolites peuvent croître jusqu'à se rencontrer et former une structure polygonale. La taille de ces sphérolites dépend du type de polymère et du processus thermique, elle peut varier du micromètre au millimètre.

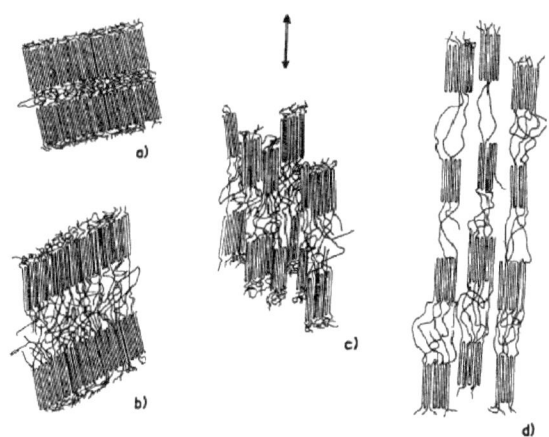

Fig.1.7 : Réorganisation structurale ; passage d'une morphologie lamellaire à fibrillaire

La morphologie cristalline dépend des procédés de mise en forme des polymères (moulage, injection, extrusion), notamment en présence de gradients thermiques ou lorsque la sollicitation mécanique est exercée avant ou pendant la cristallisation. Les morphologies suivantes peuvent être observées :

1. des sphérolites aplatis en forme d'ellipsoïde
2. des sphérolites sphériques
3. des disques en forme de gerbes
4. des cylindrites

La taille des sphérolites et l'organisation des lamelles cristallines varient en fonction de l'histoire thermique et des agents de nucléation [29]. Au cours d'un procédé de mise en forme, les conditions de refroidissement local peuvent conduire à des morphologies variant dans l'épaisseur du produit. Dans les zones de refroidissement rapide, on obtient plutôt une microstructure à sphérolites de très petites tailles, voire non sphérolitique, et un faible taux de cristallinité. De la même manière, une trempe depuis l'état fondu diminue le taux de cristallinité [28]. En revanche pour un refroidissement lent, la microstructure comprend des sphérolites plus gros (50 µm) comportant des vides, le taux de cristallinité sera alors plus élevé [28-29].

I.5.3 Endommagement des polymères semi-cristallins

Les mécanismes de déformation des polymères semi-cristallins sont étroitement liés à la présence des deux phases, amorphe et cristalline. A température ambiante, la phase amorphe des polymères semi-cristallins peut être à l'état vitreux, comme le cas pour les polyamides (Nylon) et les polyéthylènes téréphtalates, ou à l'état caoutchoutique, comme pour le PEHD et le polypropylène. Notons que la phase amorphe contenue dans le milieu semi-cristallin peut présenter des caractéristiques quelque peu différentes du polymère amorphe massif correspondant, en particulier à la température de transition vitreuse. Dans ce type de matériaux, la phase amorphe est dispersée et allongée entre les phases cristallines. Elle permettait un glissement actif à longue distance dans le cristal, la phase cristalline se déformant par glissement cristallographique. Des travaux récents suggèrent plutôt un mécanisme de « détricotage » de la phase cristalline provoqué par la phase amorphe, [30].

Une connaissance précise des mécanismes de déformation et d'endommagement est nécessaire à l'analyse du comportement et des propriétés mécaniques du matériau. Les mécanismes de la déformation plastique dans les polymères semi-cristallins sont décrits par la phase amorphe, cristalline et les sphérolites.

a- La phase cristalline

La région cristalline de polymères semi-cristallins est caractérisée par leurs grandes résistances. Lors de la déformation plastique ces dernières vont intervenir ultérieurement. Un cristal polymère peut se déformer (comme un cristal métallique) en faisant intervenir des mécanismes cristallographiques tels que le glissement, le maclage ou la transformation martensitique [31-32], [25]. Pour de fortes déformation, on observe un comportement bien caractéristique des polymères : les cristaux lamellaires se fragmentent en petits blocs cristallins, reliés à la phase amorphe par des macromolécules étirées. Cette nouvelle structure fibrillaire n'a plus de relation d'orientation avec la structure d'origine [33-34] ; elle confère au matériau un durcissement de type hyperélastique (figure I.7).

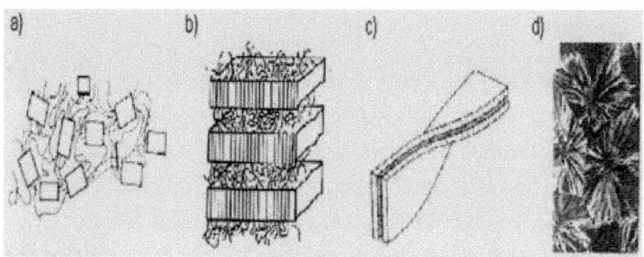

Fig.I.8 : Représentation multi-échelle de la morphologie microstructurale des polymères semi cristallins : a) chaînes macromoléculaires, b et c) couches de phases amorphe et cristalline, d) sphérolites

La transformation martensitique du polyéthylène, correspond à la transformation de la structure orthorhombique à la structure monoclinique, se produisant à la limite d'élasticité, et coïncidant avec la formation de microvides [35-36]. Le glissement, qui est le mécanisme microscopique de la déformation plastique le plus fréquent pour le PEHD se produit naturellement lorsque la cission dans le plan de glissement atteint une valeur critique régie par les liaisons de Van der Waals entre les chaînes moléculaires [37]. De plus, compte tenu des types de liaisons entre atomes (covalentes le long de la chaîne et de Van der Waals entre les chaînes macromolécules), qui limitent les possibilités de glissement, on peut considérer que seuls sont potentiellement actifs les systèmes de glissement dont le plan contient l'axe de la chaîne [25] [38-39]. On distingue alors deux types de glissement : un glissement dans la direction des chaînes et l'autre perpendiculaire aux chaînes (figure I.9).

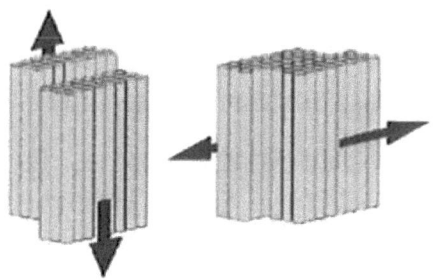

Fig.I.9 : Glissement parallèle et perpendiculaire aux chaînes macromoléculaires.

b- La phase amorphe

Son rôle mécanique se réduit donc à la transmission des contraintes d'une cristallite à l'autre par l'intermédiaire de molécules liantes. Ces chaînes liens, tous comme les points de réticulation physique, confèrent à l'état amorphe une certaine résistance. En outre, les macromolécules constituant la phase amorphe liée sont à l'origine de la création d'une force de retour vers l'état non déformé.

Plusieurs auteurs [31][27][39-41], ont utilisé un modèle simple de composition à deux phases, qui s'applique bien aux polymères semi-cristallins. Ce modèle met en jeu les deux mécanismes de déformation que sont :

- le glissement simple : résultant du glissement des cristaux lamellaires parallèlement les uns aux autres sous l'effet des contraintes appliquées, la phase amorphe est donc cisaillée.

- La séparation interlamellaire : résultant des contraintes de traction ou de compression perpendiculaires à la plus grande surface des lamelles, dans ce cas les chaînes amorphes sont étirées.

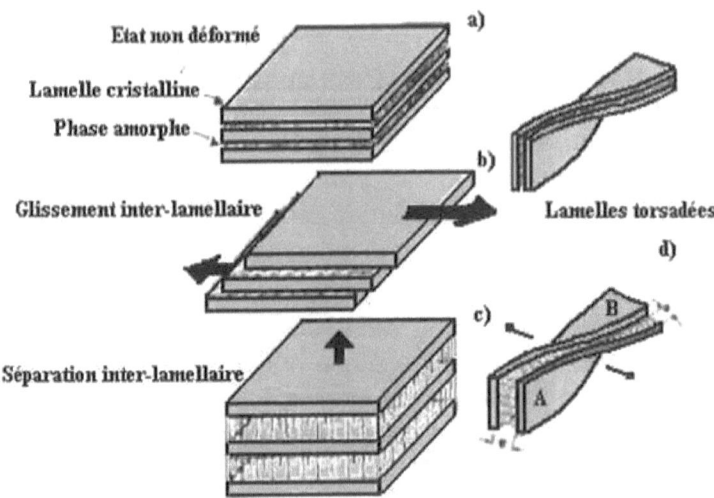

Fig.I.10 : Micromécanismes de déformation de la phase amorphe dans un polymère semi – cristallin [27].

Dans le cas des lamelles cristallines torsadées, les deux mécanismes peuvent coexister au sein d'une même phase interlamellaire [27].

Pour le PEHD sollicité en petites déformations, le glissement interlamellaire est le mécanisme prédominant [37], [42-43]. La contrainte nécessaire à l'activation de ce mécanisme de séparation est assez élevée, à cause de la faible épaisseur de la couche amorphe. En traction, ce phénomène peut être l'origine de la création de cavités interlamellaires [41], [43-45].

C. Les sphérolites

Les zones amorphes et les lamelles cristallines s'y déforment en traction, en cisaillement, en flexion ou en compression selon leur orientation dans le sphérolite par rapport à l'axe de sollicitation.

En traction uniaxiale, deux niveaux de déformation et trois zones géographiques sont habituellement considérés. Dans les premiers stade de la déformation, les régions amorphes inter-sphérolites sont sollicitées préférentiellement, favorisant ainsi une déformation homogène et réversible. Progressivement, la déformation devient non uniforme suite à la variation de l'orientation des lamelles cristallines au tour de l'axe de sollicitation, et de la localisation de la déformation dans certaines régions. Cette localisation conduit au processus de cavitation [45], [34-36], [41].

Selon [46], la déformation est initiée au centre du sphérolite, puis se propage vers les zones périphériques. Les lamelles étant perpendiculaires à la direction de traction, le mécanisme le plus actif est la séparation interlamellaire qui en grandes déformations, peut provoquer une extension importante des molécules de liaisons dans la phase amorphe conduisant à la formation de cavités et à la fragmentation des lamelles en petits blocs. Dans les zones diagonales, les lamelles sont soumises à la fois à un glissement et à une séparation interlamellaire. Les cristallites tournent vers l'axe de traction entraînant la fragmentation des cristaux. Le sphérolite perd progressivement sa forme sphérique initiale pour prendre une forme ellipsoïdale. Les zones polaires possèdent une plus grande résistance à la déformation du fait de l'orientation des lamelles parallèlement à l'axe de sollicitation, introduisant à la fois la séparation et le cisaillement interlamellaires. L'apparition de la déformation est retardée par rapport aux autres zones. Toutefois, lorsqu'elle a lieu, elle provient de la fragmentation des lamelles cristallines à cause de la compression latérale due à la déformation des zones diagonales.

En traction, une éprouvette de polymère semi-cristallin se déforme par le développement et la propagation d'une striction. Le modèle de A. Peterlin [33] permet de relier l'aspect microscopique à l'aspect macroscopique. Dans la région où la striction ne s'est pas encore propagée, le glissement et la séparation des lamelles est possible. Au moment de la striction, la morphologie lamellaire devient fibrillaire par fragmentation des cristaux. Après la striction, les petits blocs qui se sont formés s'alignent le long de l'axe de l'éprouvette. Les molécules commencent à subir un étirement de plus en plus important.

I.5.4 Micromécanismes d'endommagement des polymères semi cristallins

L'étude de l'endommagement des polymères semi-cristallins est rendue complexe par l'hétérogénéité de leur structure. L'endommagement joue un rôle très important sur le comportement mécanique et surtout sur les propriétés élastiques.

Selon G'sell [15], l'endommagement peut être défini au sens large comme la création de surfaces de décohésion au sein du matériau. Cette définition couvre plusieurs mécanismes : « crazing », cavitation, décohésion aux interfaces....Les « crazes » correspondent à des fissures, craquelures et microvides.

Etant donné que l'endommagement est dû à la formation d'un certain nombre de microvides dans le matériau, il s'accompagne d'une variation de volume.

Les micromécanismes précédemment évoqués sont généralement liés à la fragmentation, à l'orientation des lamelles cristallines et au démêlage des chaînes dans le sens de sollicitation [39]. Ce phénomène survient lors du passage d'une structure sphérolitique à fibrillaire.

Les processus de cavitation du polyéthylène dépendent fortement de la morphologie du PE étudié [34]. Deux types de cavitation peuvent intervenir dans les polymères semi-cristallins. Le premier type correspond à des cavités formées au moment de la cristallisation, par exemple aux nœuds entre les sphérolites. Le second type de cavitation peut se former au cours de la sollicitation.

Généralement, lorsque le matériau est sollicité mécaniquement, des cavités dont l'origine est liée à l'existence de défauts de structure prennent naissance dans la phase amorphe et constituent des zones de concentration de contraintes, la présence ou non de défauts est un paramètre important le mécanisme microscopique de cavitation.

Un signe de cavitation pour le PEHD se manifeste par un blanchiment soudain de matériau prés de la limite d'élasticité. La présence d'une cavité va rendre plus probable l'apparition d'un autre vide dans son voisinage. Les cristallites changent progressivement d'orientation (figure I.12.I). Puis, si l'on continue à déformer le polymère, les contraintes appliquées augmentent, ces cavités vont croître et les lamelles cristallines se fragmenter en blocs de plus petites tailles. Des microvides sont alors générés (figure I.12.II), avec des dimensions infimes par rapport à celles des crazes. En fin, on observe un alignement des blocs cristallins et la formation de fibrilles dans la direction de sollicitation (figure I.12.III). La coalescence des cavités, s'y elle a lieu, est latérale [34-35], [41].

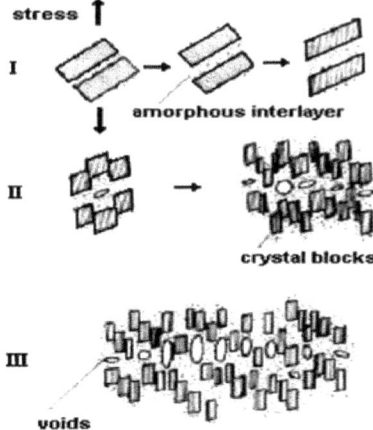

Fig.I.11 : Micromécanismes de création de microcavités dans un polymère semi-cristallin

Ces mécanismes correspondent probablement au cas du PEHD. Ils permettent de caractériser l'évolution de ses propriétés microscopique au cour de la déformation en traction.

Récemment, F.ADDIEGO a examiné, au MEB, les processus de cavitation du PEHD sous une traction uniaxiale à température ambiante. La morphologie sphérolitique à l'état non déformé est illustrée sur la figure I.12. Pour une faible déformation, $\varepsilon_1=0.05$, des microvides apparaissent dans les régions périphériques des sphérolites [34-35]. La visibilité de ces craquelures est de plus en plus nette, pour des états de déformation plus sévères. A partir de $\varepsilon_1=0.7$, on constate des phénomènes de rupture inter-sphérolitiques qui suivent le contour des sphérolites [35], et qui représentent un début de modification de la morphologie. En effet, cette morphologie sphérolitique a presque disparu à partir de ε_1=0.93, mises à part quelques régions polaires des sphérolites qui restent encore présentes. Enfin, l'analyse de F.ADDIEGO met en évidence une structure microfibrillaire pour une déformation de ε_1=1.3 contenant des cavités orientées parallèlement à la direction de traction. Des observations récentes de diffusions incohérentes de la lumière effectuées au laboratoire par N.RENAUT [48] montrent que la cavitation débute dès les premiers stades de la déformation, puis se développe de façon anisotrope dès que le durcissement hyperélastique devient notable.

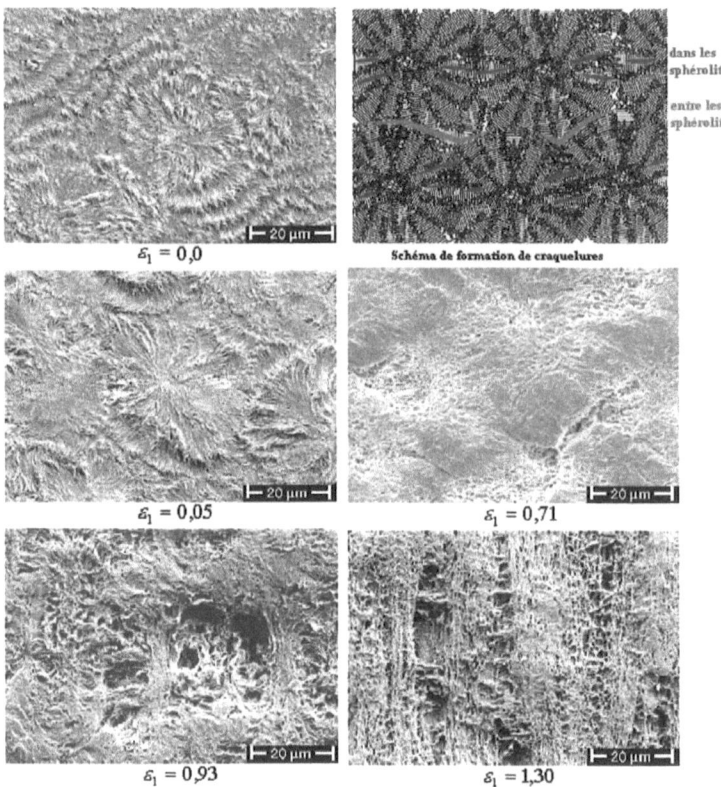

Fig.I.12: Schéma de formation des craquelures dans le polyéthylène, et observation des défauts microstructuraux par MEB dans le PEHD [49-50].

I.5.5 Relation entre microstructure et propriétés mécaniques pour les polymères semi cristallin

La maîtrise de la microstructure générée lors de la mise en œuvre prend tout son intérêt si elle peut être reliée aux propriétés mécaniques du matériau.

On distingue généralement le comportement mécanique « nominal » du comportement « vrai », intrinsèque au matériau. Lors d'un essai mécanique uniaxial, on parle de comportement « vrai » lorsque les déformations et les contraintes sont réactualisées en fonction de la longueur et de la section de l'éprouvette à chaque instant.

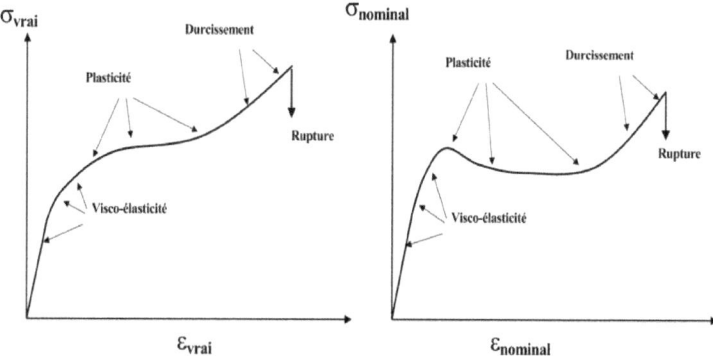

Fig. I.11 : Courbes contrainte- déformation schématiques représentant le comportement mécanique vrai (à gauche) et nominal (à droite) d'un polymère semi-cristallin

On notera qu'il n'ya pas de seuil d'écoulement marqué comme c'est le cas en déformations et en contraintes nominales, où l'adoucissement est dû à la localisation des déformations. La déformation est dans un premier temps réversible (viscoélasticité) puis des mécanismes de nature irréversibles (plasticité) entrent en jeu. Aux derniers stades de la déformation, l'alignement des chaînes dans la direction de sollicitation va provoquer un « durcissement » du matériau.

I.5.5.1 Réponse mécanique en petites déformations

a- Viscoélasticité

La déformation élastique des polymères semi cristallin est recouvrable après un certain temps, dit de relaxation, plus ou moins long. On parle des phénomènes viscoélastiques. La spectrométrie mécanique (Dynamic Mechanical Analysis) est une technique particulièrement adaptée à l'étude des phénomènes viscoélastiques. Il s'agit d'observer la réponse du matériau à une sollicitation mécanique sinusoïdale. Cette réponse en déformation va être déphasée d'un angle δ caractéristiques des mouvements dissipatifs internes du matériau qui sont à l'origine de sa viscoélasticité (figure I.13).

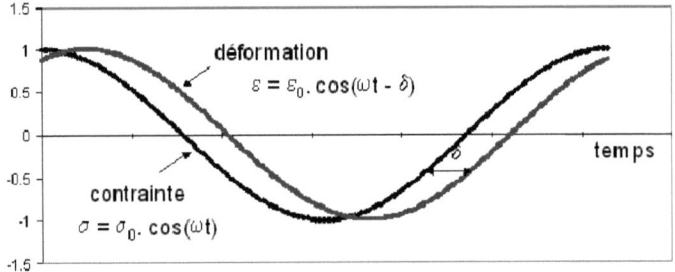

Fig. I.13 : Réponse Viscoélastique d'un matériau à une excitation sinusoïdale

On définit alors le module complexe du matériau E* ou G* [51] :

$$G^* = \frac{\sigma(t)}{\varepsilon(t)} = \frac{\sigma_0 e^{i\omega t}}{\varepsilon_0 e^{i(\omega t - \delta)}} = \frac{\sigma_0}{\varepsilon_0} e^{i\delta} = G' + iG'' \qquad (I.1)$$

La partie réelle G' est appelée module de stockage et la partie imaginaire G'', qui est reliée à la dissipation viscoélastique, est appelée module de perte. La tangente de l'angle de perte, $\tan \delta = \frac{G''}{G'}$, est aussi utilisée pour caractériser l'amortissement d'un matériau, mais pour l'étude des relaxations mécaniques, il est préférable d'utiliser G'' qui ne dépend pas de G' et rend uniquement compte du comportement visqueux. Les propriétés viscoélastiques du matériau dépendent de la température et de la fréquence du sollicitation. On observe qu'il y a, avec une assez bonne précision, une équivalence temps-température, c'est-à-dire que baisser la fréquence de sollicitation aura le même effet qu'augmenter la température. Dans le cas du PEHD, lors d'une mesure du module complexe en fonction de la température, on observe plusieurs processus de relaxation, caractérisées par des chutes de module et des pics dissipatifs (figure I.14). Juste avant la fusion, on observe une relaxation, notée α ou α_c reliée aux mouvements des défauts dans les cristallites. Le taux de cristallinité, la concentration des défauts, ainsi que l'épaisseur des lamelles cristallines vont influer sur la relaxation. Il a par exemple été montré sur le polyéthylène que la position de pic de relaxation dépend de l'épaisseur des cristallites [52]. A basse température, il peut y avoir d'autres processus de relaxation plus ou moins marqués attribués aux relaxations principales et secondaires de la phase amorphe.

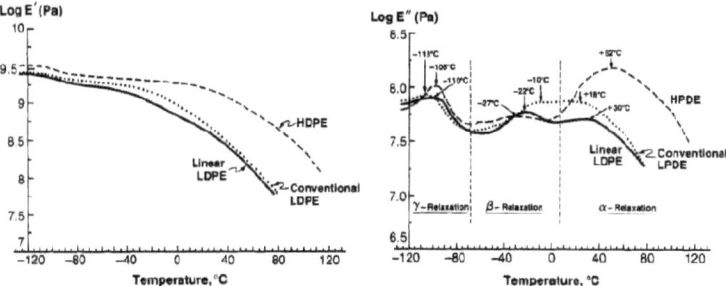

Fig. I.14 : Module complexe de plusieurs PE en fonction de la température, mesuré à 1 Hz et 3°C/min [53]

b- Relation entre microstructure et module d'élasticité

Au dessus de la température de transition vitreuse, le module de la phase amorphe caoutchoutique est 100 à 10 000 fois plus faible que celui d'un cristal [51]. C'est donc principalement la phase amorphe, considérée comme continue, qui va contribuer à la déformation élastique. Le module macroscopique du matériau sera donc directement relié à la quantité de la phase amorphe, donc au taux de cristallinité du polymère. C'est ce qui est observé expérimentalement (figure I.15). Un polymère semi cristallin peut être vu comme un nano-composite constitué d'une matrice, la phase amorphe, et de renforts, les cristallites. Une modélisation donc de module peut être envisagée, sur la base d'une loi des mélanges. On note qu'à taux de cristallinité constant, deux polymères identiques dans leur nature chimique ne donneront pas forcément le même module. C'est la morphologie cristalline qui peut influer sur le module par :

- un effet direct de la contiguïté de la phase cristalline
- et un effet induit sur la phase amorphe, dont le module dépend de la densité des nœuds physiques (enchevêtrements et points d'encrage dans les cristallites) donc de l'état de confinement, et finalement de la morphologie cristalline [54].

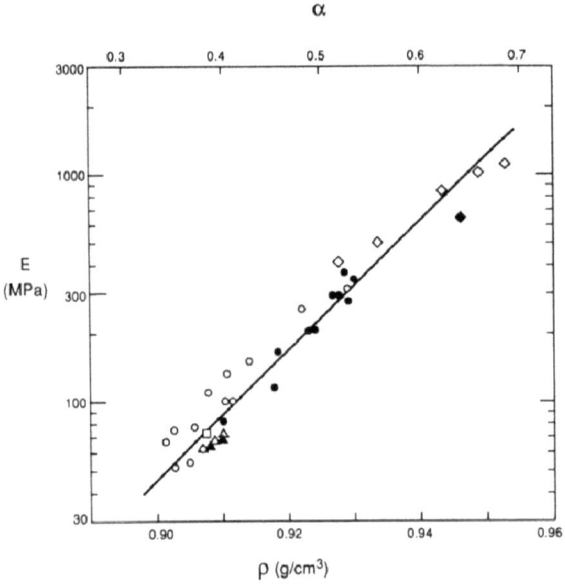

Fig. I.15 : dépendance de module de Young E avec le taux de cristallinité volumique α et la masse volumique ρ pour le polyéthylène [54].

Au niveau de la modélisation, cela se traduit par l'existence d'une borne supérieure correspondant au couplage parallèle des modules et d'une borne inférieure correspondant au couplage série des modules. Un couplage mixte dit de Takanayagi tentera de s'approcher plus de la réalité en prenant en compte un effet de la structure [51], [54-55]. Récemment, des modèles micromécaniques plus élaborés ont été proposés, notamment par Ward [56] et Seguela [57]. Les difficultés de cette modélisation proviennent de l'hétérogénéité et de la nature multi échelles de la morphologie, de l'évaluation des modules du cristal et surtout de la phase amorphe, qui varie avec son état de confinement [55].

I.5.5.2 Réponse mécanique en grandes déformations

La plupart des polymères présente de multiples propriétés mécaniques: fragiles à basses température, ils deviennent plastiques, puis viscoélastique, ou encore caoutchoutique, et enfin visqueux au fur et à mesure que la température imposée augmente. Il est bien connu que les relaxations caractéristiques d'un matériau traduisent l'activation de mécanismes moléculaires différents suivant la température. Pour les métaux et les céramiques, ces relaxations varient en fonction de la température. Au voisinage de la température ambiante elles restent négligeables à cause de leur haut point de fusion.

Avec les polymères, la situation est différente : entre -20°C et +200°C, de tels matériaux peuvent passer par tous les états cités ci-dessous [58]. Leurs propriétés mécaniques dépendent donc fortement de la position relative de la température d'essai par rapport aux températures caractéristiques de fusion, de transition vitreuse et de transition secondaire. De plus, la déformation des polymères semi-cristallins s'accompagne d'une modification microstructurale, ce qui engendre une variation des propriétés mécaniques au cours de la déformation.

Pour le PEHD, à température ambiante, la phase amorphe présente un comportement caoutchoutique, tandis que le glissement des lamelles est facilité car le processus de nucléation et de propagation des dislocations est thermiquement activé [59-60]. En comparant le PEHD à d'autres polymères semi-cristallins (Figure I.13), celui-ci est l'un des polymères qui présente la plus importante ductilité à température ambiante. Son taux de cristallinité est l'un des plus élevés. Sa limite d'élasticité ainsi que son module de YOUNG ont des valeurs parmi les plus faibles de tous les polymères semi-cristallins.

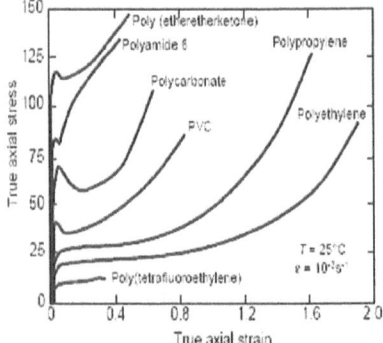

Fig.I.16: Comparaison des propriétés mécaniques du PE par rapport à une sélection de polymères semi-cristallins.

Il est possible de mettre en évidence différents domaines de comportement en soumettant le matériau à une sollicitation de traction uniaxiale (figure I.17). Ces domaines sont caractérisés par la perte de linéarité du comportement et par la recouvrance, c'est-à-dire la capacité du matériau à retrouver son état initial.

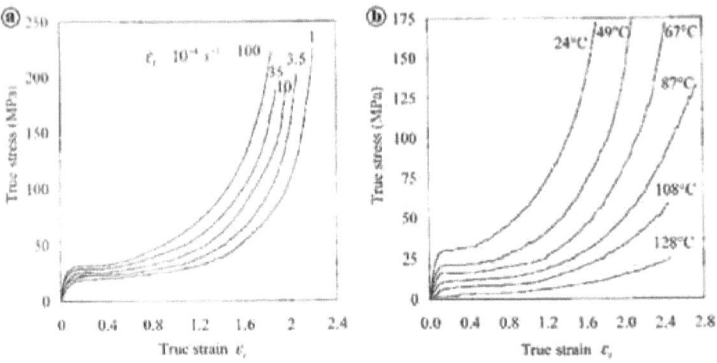

Fig.I.17: Sensibilité du PEHD ;a) la vitesse de déformation ; b) la température [61]

La perte de linéarité se traduit par une contrainte seuil et des déformations de type viscoélastique ou anélastique. Ce seuil, assez faible pour la plupart des polymères, définit une zone élastique linéaire initiale relativement limitée, de l'ordre de 1% en déformation. Dans le domaine viscoélastique, associé à une déformation de l'ordre de 5%, la recouvrance de la déformation à contrainte nulle est totale. Au-delà de ce niveau de déformation le matériau n'est plus entièrement recouvrable. Une composante irréversible apparaît, que l'on peut qualifier de plastique ou plus exactement de viscoplastique [38], [22].

Ce comportement spécifique des polymères est particulièrement lié au fait que les macromolécules ne réagissent pas toujours instantanément à l'application d'une sollicitation. Les différentes chaînes moléculaires constitutives tentent de répartir les contraintes imposées en se réarrangent physiquement jusqu'à adopter une configuration d'équilibre. Comme tous les polymères, le comportement du PEHD est très sensible aux conditions d'essai et plus particulièrement à la vitesse de déformation et à la température. Plusieurs études ont été réalisées pour caractériser cette sensibilité, parfois en effectuant des sauts de vitesse sur une même éprouvette. Les courbes précédentes montrent que lorsque la vitesse de déformation diminue, ou lorsque la température augmente, la limite d'élasticité diminue. Le phénomène de durcissement plastique diminue également d'intensité [50], [61-63].

L'influence des paramètres moléculaires tels que la masse molaire, la cristallinité, l'architecture des chaînes, etc.....sur le comportement mécanique macroscopique du PEHD, a été mise en évidence par plusieurs auteurs. Ainsi, pour déterminer l'effet de la longueur des chaînes macromoléculaires sur la réponse en contrainte vraie, S.HILLMANSAN et All [59]. ont examiné quatre types de PEHD avec différentes masses moléculaires. Lorsque cette masse augmente, la contrainte seuil diminue. La cristallinité à une influence sur le seuil de plasticité. En effet, plus le matériau est cristallin, plus la limite d'élasticité est élevée, ce qui est cohérent avec le fait que l'augmentation de la masse moléculaire conduit à une diminution de la cristallinité. A l'inverse, en grandes déformations, le durcissement augmente avec la masse moléculaire.

I.5.6 L'effet de la triaxialité sur le comportement du PEHD

La figure I.18 montre l'influence du rayon de courbure sur le comportement du PEHD durant l'essai de traction uniaxial. En effet, la limite élastique augmente avec la réduction du rayon de courbure (fig. I.19). Il passe de 36.36MPa pour un rayon de 2mm à 25.04 MPa pour un rayon de 80mm. La limite de déformation vraie correspondante diminue de 0.12 à 0.053. Cette tendance est due au fait que la contrainte de triaxialité augmente avec la réduction du rayon de courbure.

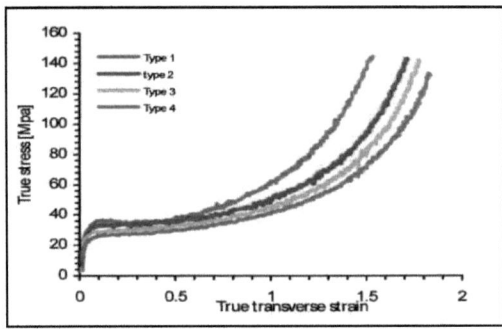

Fig. I.18 : influence du rayon de courbure sur le comportement Mécanique en traction de PE 100[65]

L'effet de la triaxialité a été vérifié. En effet l'essai de traction a montré que le module de Young augmente avec la diminution du rayon de courbure. Généralement, la zone de durcissement plastique du matériau durant ces essais se produit quand le rayon de courbure est faible.

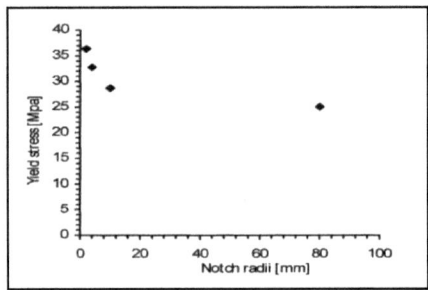

Fig.I.19 : Influence de la triaxialité sur la limite élastique [65].

1.5.7 Apparition des instabilités plastiques

Le domaine des procédés de mise en œuvre industriels des polymères à l'état solide est très affecté par le phénomène d'instabilité plastique liée à des processus de localisation de la déformation, puisque celui-ci contrôle l'aspect et les performances du produit final. Il est donc indispensable de bien comprendre les mécanismes à l'origine de l'instabilité plastique.

Dans la suite de ce texte, nous nous intéresserons en particulier à l'initiation et à la propagation de la striction, sur lesquelles de nombreux auteurs ont travaillé, tant du point de vue mécanique que géométrique [67-68]. Concernant le polyéthylène, les recherches ont porté en particulier sur la corrélation entre la cinétique de localisation de la déformation, la microstructure, ceci jusqu'aux grandes déformations.

Pour les faibles déformations, l'augmentation de la force s'accompagne d'une déformation homogène, élastique et viscoélastique. L'apparition de la striction correspond au passage par un maximum de force, dont la valeur est retenue pour caractériser la contrainte d'écoulement. Le développement de l'instabilité plastique dans les polymères est très différent de celui des métaux. La striction apparaît beaucoup plus tôt en déformation. En outre, à partir d'un niveau de déformation critique, au lieu de s'amplifier jusqu'à la rupture, la striction se stabilise à l'endroit de son amorçage, et le diamètre de la section minimale ne varie pratiquement plus. Les épaules de la striction se propagent alors vers l'extrémité de l'éprouvette. La stabilisation de la striction est notamment due à une forte augmentation de la contrainte vraie avec la déformation, au-delà de la déformation critique. La déformation redevient ensuite homogène jusqu'à la rupture de l'éprouvette.

a- Variation de volume sous sollicitations mécaniques

Parallèlement au problème de détermination des lois de comportement du matériau, plusieurs auteurs se sont intéressés à la mesure de la variation volumique au cours de l'essai mécanique. La prise en compte de la déformation volumique apporte des informations complémentaires importantes pour la caractérisation mécanique d'un polymère. A notre avis, elle constitue un élément important de la réponse du matériau sous sollicitation mécanique, au même titre que la contrainte vraie, et fait partie des données essentiellement à considérer lors de la modélisation du comportement. En fait, c'est une manière d'étudier les effets de la triaxialité à partir d'une sollicitation unidirectionnelle.

1.6 Vieillissement d'un polymère

Le terme de "vieillissement" est utilisé dans le cas des polymères pour décrire toute modification et/ou altération, généralement lente et irréversible, des propriétés d'un matériau, résultant de son instabilité propre ou d'effets de l'environnement extérieur. Cette altération peut concerner la structure chimique des macromolécules ou des adjuvants (vieillissement chimique), la composition du matériau (pénétration ou départ de petites molécules), ou son état physique (taux de cristallinité, fraction de volume libre, contraintes internes, ...).

I.6.1 Le vieillissement sans transfert de masse

En dessous de leur température de transition vitreuse, les matériaux amorphes sont hors d'équilibre, sous forme de verre et peuvent donc évoluer vers un état d'équilibre, par relaxation de volume, après leur élaboration. Ainsi, après réticulation, le matériau est refroidi depuis la température de réticulation T_R jusqu'à la température ambiante T_a. Le volume massique, $1/\rho$, suit l'évolution de la figure I.20. Au passage de la transition vitreuse, la viscosité du matériau augmente brutalement. La mobilité moléculaire devient trop faible pour que le polymère adopte sa configuration d'équilibre (représentée par la ligne pointillée sur la figure) et le matériau se fige dans un état hors équilibre, avec un excès de volume et d'enthalpie. Le réseau étant dans un état hors équilibre thermodynamique, les chaînes macromoléculaires vont se réorganiser avec le temps pour se rapprocher de la configuration d'équilibre, grâce à la mobilité résiduelle (flèche verticale sur la figure). C'est un vieillissement par relaxation de volume [67-68]. L'effet global de ce vieillissement est relativement faible, au plus quelques fractions de pour-cent. Cependant, il affecte uniquement la fraction de volume libre. Les conséquences sur les propriétés dépendant essentiellement de la mobilité moléculaire, comme le fluage ou la relaxation par exemple, peuvent donc être extrêmement importantes

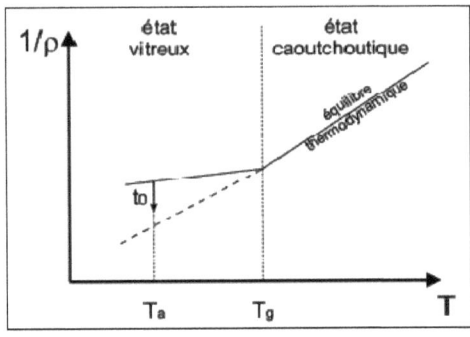

Fig.I.20 : Évolution du volume spécifique $1/\rho$ d'un polymère avec la température T [69]

I.6.2 Le vieillissement par absorption de solvant

La nature plus ou moins polaire d'un adhésif, selon les groupements chimiques qui le constituent, lui confère une sensibilité naturelle pour les solvants polaires comme l'eau. Cela va se traduire par une pénétration des molécules de solvant dans tout le polymère et donc une augmentation de la masse globale du polymère. Si sa masse initiale vaut m_0, la variation de masse au bout d'un instant t sera :

$$\omega = \frac{m(t) - m_0}{m_0} \qquad (I.2)$$

Chaque substance est caractérisée par un paramètre de solubilité δ qui est la racine carrée d'une densité d'énergie cohésive. L'effet d'un solvant S sur un polymère P est d'autant plus fort que $\delta_F - \delta_S$ est faible, c'est-à-dire en définitive que les paramètres de solubilité du polymère et du solvant sont voisins. Le choix des solvants utilisés pour mesurer ce type de vieillissement va dépendre de l'utilisation qui va être faite par la suite du matériau étudié. L'eau distillée est le solvant le plus couramment utilisé. Elle est légèrement acide (pH $\approx$ 5,8 comme celui de l'eau de pluie). Sa diffusion peut affecter à la fois les propriétés mécaniques de l'adhésif mais aussi la nature de l'interface ou de l'interphase. Elle représente ainsi très bien les effets du vieillissement climatique. Elle peut être accompagnée d'une atmosphère saline ou d'une variation de pH, qui peuvent dans certains cas accélérer ou aggraver les phénomènes de dégradation.

Dans la littérature se confrontent deux approches du mécanisme d'hydrophilie. L'approche volumique est assimilée à la place laissée entre les molécules. Ces volumes libres sont disponibles pour accueillir les molécules d'eau au cours de la diffusion. L'autre approche met en jeu des interactions entre le polymère et les molécules de solvant, par l'intermédiaire de liaisons hydrogène. Dans tous les cas, cela suppose que le polymère peut accueillir une quantité limitée de solvant, notée w_∞. Ce taux maximum de remplissage n'est que très peu affecté par les variations de température, tant que le polymère reste solide. Le cyclage (sorption / désorption) peut lui par contre l'affecter s'il se traduit par de la microfissuration. En revanche le taux maximum de remplissage peut varier en fonction de l'humidité relative du milieu (notée %RH), selon une loi de puissance (EQU. I.3).

$$w_\infty = k\left(\% HR\right)^n \qquad (I.3)$$

Les deux graphiques de la figure I.21 représentent les résultats expérimentaux obtenus par A.C. Loos et W.W. Wright [70-71]. La relation liant la masse relative à saturation à l'humidité relative de l'enceinte de vieillissement n'est pas forcément linéaire. Quand bien même elle le serait, il se peut que le comportement diffère pour les humidités très élevées.

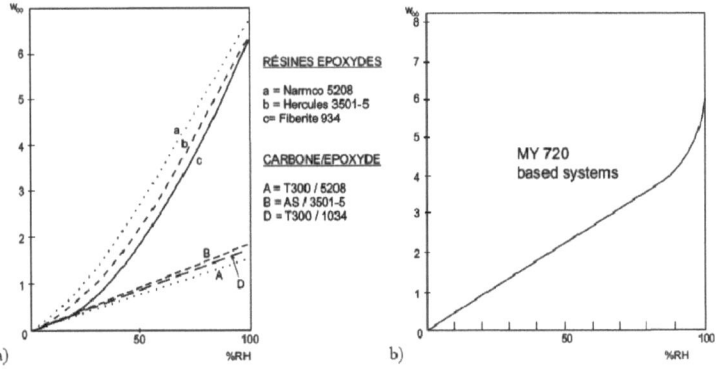

Fig.I.21 : Évolution du taux d'absorption maximal en fonction du taux d'humidité : [a] [70], [b] [71]

I.6.3. Plastification

Les molécules de solvant qui pénètrent dans le polymère brisent les liaisons secondaires de type van derWaals, ou les liaisons hydrogène entre les groupes polaires (amines, alcool, ...) des chaînes alkyle voisines. Ces liaisons secondaires assurent en grande partie la rigidité du matériau. Leur rupture va s'accompagner d'une augmentation de la mobilité des chaînes, et ainsi modifier les propriétés mécaniques du matériau. Les modules d'Young et de cisaillement du matériau vont diminuer.

La température de transition vitreuse d'un polymère, qui traduit directement la mobilité relative des chaînes polymères est donc aussi très naturellement diminuée. Des modèles ont été proposés afin de prédire les chutes de T_g en présence de solvant.

Le modèle de Fox est une loi des mélanges. Il considère des "clusters" d'eau dispersée dans la matrice polymère (I.4).

$$\frac{1}{T_g} = \frac{\varpi_1}{T_{g1}} + \frac{\varpi_2}{T_{g2}} \qquad (I.4)$$

Avec T_{gi} la température de transition vitreuse de chaque composant et ϖ_i leur pourcentage massique.

Le modèle de Kelley et Bueche [72] se base lui sur l'additivité des volumes libres, la rupture des liaisons secondaires entraînant une augmentation du volume total (I.5).

$$T_g = \frac{\alpha_p V_p T_{g \cdot p} + \alpha_d (1 - V_p) T_{gd}}{\alpha_p V_p + \alpha_d (1 - V_p)} \qquad (I.5)$$

Avec V_p la fraction volumique du polymère, T_{gp} et T_{gd} les températures de transition vitreuse du polymère et de l'eau respectivement, α_p et α_d les différences entre les coefficients de dilatation à l'état liquide et à l'état vitreux. La détermination des coefficients α de l'eau n'est pas une chose aisée. Les auteurs divergent ainsi sur les valeurs à adopter.

I.6.4 Gonflement

Lorsqu'un solvant pénètre dans un polymère, il va faire augmenter le volume de celui-ci d'une quantité au moins égale au volume de solvant absorbé. Il arrive que dans les premiers temps de vieillissement, le gonflement observé soit inférieur au volume d'eau qui a pénétré dans la matrice. Ces effets sont attribués à la diffusion initiale du solvant dans les porosités.

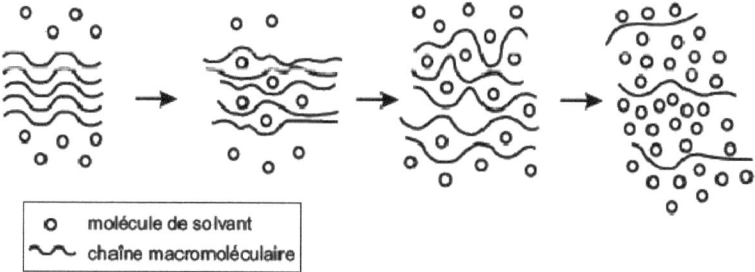

Fig.I.22 : Schématisation de la pénétration d'un solvant dans un polymère [72]

Le gonflement va dépendre de la solubilité du solvant dans le polymère (figure 1.22). Il se traduit par l'étirement des chaînes polymères. Mais celles-ci sont soumises à une force de rappel d'origine entropique qui tend à les ramener sous forme de pelote statistique. Un équilibre s'établit donc entre les deux effets, il est décrit par l'équation de Flory-Rehner (EQU. I.6).

$$-\ln(1-v_p) - v_p - \chi v_p^2 = \frac{\rho v_s}{M_C}\left(v_p^{1/3} - \frac{v_p}{2}\right) \qquad (I.6)$$

Avec v_p la fraction volumique de polymère gonflé dans l'échantillon, v_s le volume molaire du solvant, χ le coefficient d'interaction polymère solvant, ρ la masse volumique de l'échantillon gonflé et M_C la longueur des chaînes entre points de réticulation.

Ainsi, un polymère dont la longueur entre points de réticulation sera faible, c'est-à-dire dont le réseau sera dense, subira moins les effets du gonflement.

Le gonflement a lieu dans les zones où le solvant a diffusé. Même limité, il peut développer des contraintes internes dans la matrice par un effet de gonflement différentiel. Ces phénomènes sont observables dans le cas des composites dont les fibres et les charges n'absorbent pas de solvant [73]. C'est aussi le cas dans le cas des joints collés avec des substrats métalliques par exemple. Il se produit ainsi aux interfaces un gonflement différentiel qui peut abaisser la résistance de celle-ci.

I.6.5 Post-cristallisation :

Dans le cas d'un **polymère semi-cristallin**, on sait que le taux de cristallinité maximal n'est atteint qu'au terme de recuits prolongés.

Le vieillissement thermique à une température comprise entre celle de fusion et celle de transition vitreuse (*Tf > T > Tv*) d'un polymère mis en œuvre dans des conditions normales (c'est-à-dire ayant subi une trempe plus ou moins brutale) pourra, dans ce cas, se traduire par une augmentation du taux de cristallinité (post-cristallisation), avec des conséquences bien connues, en particulier sur l'augmentation de la contrainte au seuil d'écoulement et sur le retrait, la phase cristalline étant plus compacte que la phase amorphe[67].

I.7 Modélisation du comportement mécanique prenant en compte l'endommagement

De nombreux modèles ont été proposés dans la littérature pour décrire physiquement l'évolution de l'endommagement et ses effets sur le comportement mécanique. On peut classer ces divers formulations en deux types d'approches : les modèles micromécanique (couplés ou non couplés), et les modèles phénoménologiques. Dans le cas du PEHD, on ne peut tout à fait exclure que l'apparition de cavités soit liée à la morphologie et à la distribution des branchements entre phase amorphe et phase cristalline. La figure ci-dessous illustre cette idée.

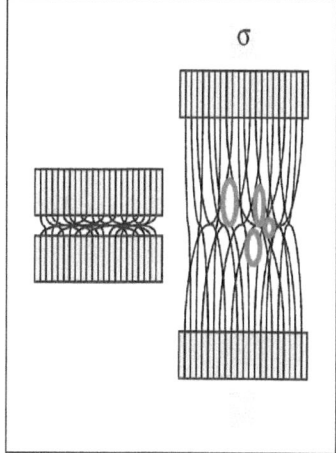

Fig.I.23 : schéma décrivant un scénario possible de formation de microcavités par simple réarrangement configurationnel des macromolécules constitutives de la phase

Un tel scénario n'est pas à exclure a priori, notamment au vu des simulations récentes de dynamique moléculaire de B.MONASSE et ALL [74].

Les modèles micromécaniques sont souvent centrés sur l'étude d'une ou plusieurs des trois étapes de nucléation, croissance et coalescence. Pour décrire les mécanismes d'endommagement, ils font explicitement intervenir la morphologie des cavités (ellipsoïdales, sphériques, cylindriques….) et sont qualifiés de modèles couplés et non couplés, selon qu'il s'intègrent ou non à la loi de comportement thermomécanique globale.

Le premier type, non couplé, consiste donc à décrire l'évolution des cavités sans chercher à caractériser ses effets sur le comportement global du matériau. La rupture du matériau est décrite par une valeur critique d'un paramètre d'endommagement. En revanche, les modèles couplés, s'appuient sur le couplage de l'endommagement et de la loi de comportement mécanique, par le biais d'un potentiel plastique faisant intervenir la fraction volumique de microvides, f.

Dans le cas des polymères, des différences non négligeables par rapport aux métaux sont à signaler. En effet, il faut tenir compte des niveaux importants de déformation élastiques et plastiques, ainsi que des fractions de porosités élevées et du non sphéricité des cavités apparaissent au cours de déformation. Une extension aux polymères a très récemment été tentée, avec succès, par **LAFARGE [75]**, pour un matériau semi-cristallin PVDF, et également par **ZAÏRI et al [76]**. Ces derniers auteurs ont proposé une adaptation du modèle de **GURSON**.

I.7.1 Modèle de Zaïri et al. Concernant les polymères

Leurs travaux consistent à décrire le comportement non linéaire et l'endommagement des polymères vitreux homogènes et renforcés par l'adjonction de particules d'élastomères sphériques, RT-PMMA. Un modèle viscoplastique à variables internes, dont l'hypothèse fondamentale est basée sur des considérations phénoménologiques, a donc été développé en prenant appui sur le modèle de BONDER et al. [77] qui à été modifié et couplé avec une modélisation de l'endommagement par cavitation, GTN.

Ce modèle, repose sur la partition de la vitesse de déformation, $\dot{\underline{\varepsilon}}$, en une composante élastique, $\dot{\underline{\varepsilon}}^{el}$ et une composante plastique $\dot{\underline{\varepsilon}}^{pl}$.

$$\dot{\underline{\varepsilon}} = \dot{\underline{\varepsilon}}^{el} + \dot{\underline{\varepsilon}}^{pl} \tag{I.7}$$

La partie élastique obéit à la relation $\dot{\underline{\sigma}} = \underline{\underline{C}} : \dot{\underline{\varepsilon}}^{el}$ où C est le tenseur isotrope d'élasticité. L'équation I.7 peut être donc s'écrire sous la forme:

$$\dot{\underline{\sigma}} = \underline{\underline{C}} : \left(\dot{\underline{\varepsilon}} - \dot{\underline{\varepsilon}}^{pl} \right) \tag{I.8}$$

En utilisant la règle de normalité, la partie viscoplastique de la vitesse de déformation est donné par l'équation suivante, $\dot{\underline{\varepsilon}}^{pl} = \Lambda \left(d\phi / d\underline{\sigma} \right)$, où ϕ est dons ce cas le pseudo potentiel plastique de GTN. Le multiplicateur Λ peut être déterminé par l'hypothèse de l'équivalence du taux de travail viscoplastique :

$$\Lambda = (1-f)\dot{P}\sigma_e \left(\underline{\underline{\sigma}} : \frac{d\phi}{d\underline{\underline{\sigma}}}\right)^{-1} \tag{1.9}$$

Concernant la relation entre σ_e et P, utilisée afin de rendre compte de l'effet de la déformabilité plastique non linéaire, le choix s'est porté sur le modèle de BONDER et al. Modifié par FRANK et al. [78], traduisant le plateau succédant à la limite d'élasticité, puis le durcissement final qui représente un polycarbonate sollicité en traction. Le taux de déformation viscoplastique cumulé P proposé par FRANK et al s'exprime sous la forme :

$$\dot{P} = \frac{2}{\sqrt{3}} D_0 \left(\frac{\sigma_e}{z}\right)^{2n} \tag{1.10}$$

Où, D_0 représente la valeur limite de taux de déformation en cisaillement et Z la variable interne, correspondant à l'effet de durcissement résultant de développement de l'alignement de réseau, régie par l'équation différentielle suivante :

$$\dot{Z} = m\left(\frac{Z - (1-\alpha)Z_0}{Z_0}\right)\dot{W}^{pl} \tag{I.11}$$

Avec $\dot{W}^{pl}$ le taux de travail viscoplastique et n le coefficient de sensibilité à la vitesse de déformation, α le coefficient de reprise de l'écrouissage et m le coefficient de durcissement. ZAÏRI et al proposent d'introduirent une nouvelle variable interne Z_2 afin que le modèle puisse superposer, à la résistance interne simulant le durcissement du matériau en grandes déformations, une résistance traduisant l'adoucissement du matériau après la limite d'élasticité. Le taux s'exprime donc sous la forme :

$$\dot{P} = \frac{2}{\sqrt{3}} D_0 \left(\frac{\sigma_e}{Z_1 + Z_2}\right)^{2n} \tag{I.12}$$

Les variables internes Z_1 et Z_2 sont alors gouvernées respectivement par les équations suivantes :

$$\dot{Z}_1 = m\left(\frac{Z_1 - (1-\alpha)Z_0^1}{Z_0^1}\right)\dot{W}^{pl} \quad (I.13)$$

$$\dot{Z}_2 = h\left(1 - \frac{Z_2}{Z_{2s}}\right)\dot{W}^{pl} \quad (I.14)$$

Où Z_{2s} est la valeur de saturation de Z_2, et h le coefficient d'adoucissement, les autres paramètres ayant la même définition que celle proposé par Franck et all.

En raison de la dilatation plastique liée à la croissance des cavités, la partie viscoplastique de la vitesse de déformation $\dot{\underline{\varepsilon}}^{pl}$ est maintenant déviatorique et hydrostatique. On suppose donc que l'augmentation du volume de cavités résulte de la croissance des cavités déjà existantes et de la nucléation des cavités. La cinétique des cavités est décomposée en un terme de croissance, f $_{croissance}$, et un terme de nucléation, f $_{nucléation}$:

$$\dot{f} = \dot{f}_{croissance} + \dot{f}_{nucléation} \quad (I.15)$$

La cinétique de croissance des cavités est donnée par l'équation (I. 15), où la trace du tenseur des vitesses de déformation viscoplastique est donnée par :

$$tr\left(\dot{\underline{\varepsilon}}^{pl}\right) = 3\Lambda q_1 q_2 \frac{f}{\sigma_e}\sinh\left(\frac{3}{2}q_2\frac{\sigma_m}{\sigma_e}\right) \quad (I.16)$$

Le terme de nucléation est délicat à déterminer, dans la littérature il est souvent utilisé sous sa forme générale :

$$\dot{f}_{nucléation} = B_n \dot{\sigma}_e + A_n \dot{P} \quad (I.17)$$

A_n et B_n sont des fonctions exponentielles de la contrainte et de la déformation selon si la nucléation est contrôlée par la contrainte ou la déformation [79]. Pour décrire l'accélération de l'endommagement due à la cavitation, une loi phénoménologique de nucléation contrôlée par la contrainte hydrostatique a été proposée par [80].

$$\dot{f}_{nucléation} = \frac{f_N}{\sigma_s Z_0^1 \sqrt{2\pi}} \exp\left(-\frac{1}{2}\left[\frac{\sigma_m - \sigma_N}{\sigma_s Z_0^1}\right]\right) \dot{\sigma}_m \quad \text{(I.18)}$$

Cette distribution normale de nucléation fait intervenir la contrainte hydrostatique moyenne σ_N, un écart type σ_s et f_N la fraction volumique des inclusions pouvant participer à la germination.

On introduit ainsi une quinzaine de paramètres ajustables pour cette modélisation de l'endommagement.

La figure (1.24) illustre l'aptitude de ce modèle à reproduire ces chemins de sollicitation uniaxiale et à appréhender leur sensibilité à la vitesse de déformation.

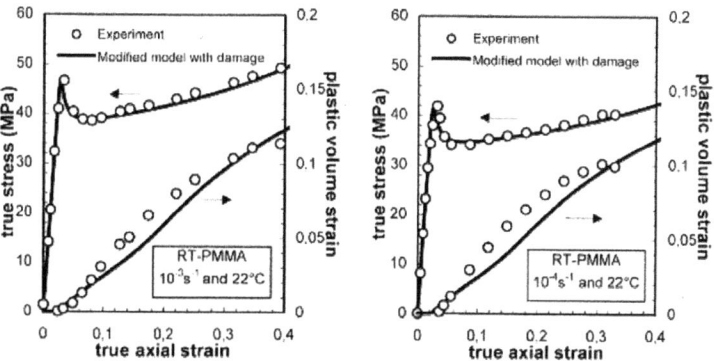

Fig.I.24 : simulation d'un essai de traction à différentes vitesses pour RT-PMMA [80]

La comparison avec la déformation volumique plastique est satisfaisante. Dans ce sens il est nécessaire de préciser que l'effet de l'endommagement sur le module de Young du RT-PMMA est pris en compte dans ce modèle par le truchement de relation linéaire suivante:

$$E = (1 - 1, 2f) E_0 \quad \text{(I.19)}$$

Où, E_0 est le module de Young initial.

I.7.2 Quelques modèles phénoménologiques d'endommagement

La plupart des modèles phénoménologiques, appelés CDM (Continuous Damage Mechanics), trouvent leurs fondements dans les travaux de KACHANOV

[81] et RABOTNOV [82]. Ils sont souvent formulés dans le cadre des processus irréversibles. Leur hypothèse se situe dans le postulat d'existence des variables internes représentatives de l'endommagement. Ce formalisme est développé sans considérer les détails sur la nucléation et la croissance des microcavités distribuées dans l'élément matériel, qui permettent de relier l'état d'endommagement dans une structure microscopique aux quantités globalement mesurables comme le module d'élasticité et le coefficient de poisson.

Dans le CDM, l'intégration de l'endommagement dans un modèle viscoplastique nécessite selon KACHANOV la définition d'une variable d'endommagement, en considérant dans un solide endommagé, un volume élémentaire représentatif VER. A étant l'aire d'une section repérée par sa normale (n) et A^{eff} l'aire de la surface résistante effective, cette variable d'endommagement est définie par:

$$D_n = 1 - \frac{A^{eff}}{A} \qquad (I.20)$$

D'un simple point de vu géométrique, D_n correspond à la densité surfacique des défauts dans le plan normal à (n). Dans le cas général d'un endommagement anisotrope constitué de fissures et microcavités d'orientation privilégiées, la variable d'endommagement dépend de l'orientation de la normale (n). La variable revêt un caractère tensoriel (ordre 2 ou même 4, [81], [83]). En revanche, en supposant que l'orientation des microfissures est uniformément distribuée dans toutes les directions, l'endommagement est alors isotrope, et D_n scalaire ne dépend pas de (n). La contrainte effective de RABATOV est écrite comme une densité moyenne de force F agissant sur une section effective.

$$\sigma^{eff} = \frac{F}{A^{eff}} = \frac{\sigma}{1-D} \qquad (I.21)$$

LEMAITRE a donné une autre interprétation à la contrainte effective en introduisant une hypothèse équivalence en déformation. Les lois constitutives des matériaux endommagés découlent généralement de cette hypothèse [84]. En effet, notons E et E_{eff} respectivement les modules d'élasticité du matériau sein et endommagé, pour un chargement élastique cette hypothèse se traduit par:

$$\varepsilon^{el} = \frac{\sigma^{eff}}{E} = \frac{\sigma}{E^{eff}} = \frac{\sigma}{(1-D)E} \qquad (I.22)$$

Soit:

$$E^{\text{eff}} = E(1-D) \qquad (I.23)$$

La notion de contrainte effective associée l'équivalence en déformation offre un cadre pour traiter le problème de la modélisation du comportement du matériau couplé à l'endommagement. Plusieurs approches s'appuyant sur le CDM ont été proposées, elles peuvent être distinguées selon qu'elles s'appuient sur l'introduction directe d'une loi cinétique d'endommagement phénoménologique ou qu'elles se basent sur l'introduction d'un pseudo-potentiel.

Une modélisation de l'endommagement dans le cadre d'un modèle visco-élasto-plastique pour la description du comportement en traction de polystyrène a été proposée par TANG et al [85].

Ce modèle est basé sur la variable d'endommagement D, la dilatation due à la formation des cavités au cours de l'étirage. Cette variable D est définie à partir de la fraction volumique des cavités créées dans un VER:

$$D = \Delta V / (V_0 + \Delta V) = 1 - (1 / \lambda_1 \lambda_2 \lambda_3) \qquad (I.24)$$

Où $\Delta V = V - V_0$ désigne l'augmentation de volume due aux microcavités (crazes).

D'après les résultats expérimentaux obtenus sur le HIPS soumis à une traction uniaxiale, la variation de volume est directement proportionnelle à la déformation axiale ε_1 dés que le seuil de plasticité est franchi. Les auteurs ont donc proposé une relation de la forme :

$$\frac{\Delta V}{V} = \beta_1 (\varepsilon_1 - \varepsilon_{th}) \text{ pour } \varepsilon_1 \succ \varepsilon_{th} \qquad (I.25)$$

ε_{th} Représente la déformation – seuil, et β_1 un paramètre ajustable. A partir de cette relation, les auteurs définissent l'évolution de la variable d'endommagement de la façon suivante :

$$D = \frac{\beta_1 (\varepsilon_1 - \varepsilon_{th})}{1 + \beta_1 (\varepsilon_1 - \varepsilon_{th})} \qquad (I.26)$$

La contrainte d'écoulement effective incluant l'effet de l'endommagement par cavitation s'exprime en fonction de la contrainte nominale σ_n par :

$$\sigma = \frac{(1+\varepsilon_1)\sigma_n}{1+\beta_1(\varepsilon_1-\varepsilon_{th})} \qquad (I.27)$$

Ensuite, TANG et al. Expriment la déformation axiale totale comme la somme d'une composante élastique, ε_1^{el}, plastique, ε_1^{pl}, et visqueuse, ε_1^{visc} :

$$\dot{\varepsilon}_1 = \dot{\varepsilon}_1^{el} + \dot{\varepsilon}_1^{pl} + \dot{\varepsilon}_1^{visc} \qquad (I.28)$$

Une loi de comportement visco-élasto-plastique est donc proposée pour la traction simple sous la forme :

$$\dot{\varepsilon}(1-\beta_2)\eta_1 = \eta_1 E^{-1}\dot{\sigma}_1 + \sigma_1 \qquad (I.29)$$

Où β_2 est un coefficient reliant la déformation plastique à la déformation totale et η_1 le coefficient de viscosité. Cette loi de comportement n'est autre qu'un modèle analogique de type Maxwell. Elle donne d'assez bons résultats à la charge et à la décharge, en remarquant toutefois qu'il concerne essentiellement les faibles déformations.

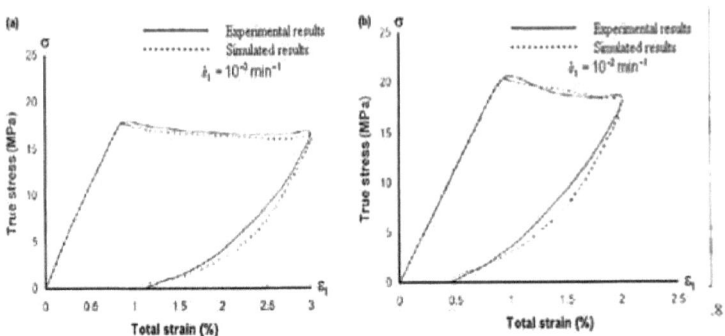

Fig .I.25: Simulation d'un essai charge – décharge uniaxiale à différentes vitesses pour HIPS [85]

I.7.3 Les modèles en hyperélasticité isotrope

Plusieurs expressions du potentiel ont été proposées afin de modéliser un milieu hyperélastique isotrope. Nous distinguons entre celles formulées en fonction des élongations, et celles exprimées en fonction des invariants des tenseurs de déformation. De nombreux articles et ouvrages [86-87] présentent les potentiels élastiques couramment utilisés. Seuls les potentiels de Mooney-Rivlin et Ogden en raison de leur emploi très courant, sont présentés.

- **Modèle de Mooney-Rivlin**

Le modèle de Mooney-Rivlin a été développé pour modéliser les matériaux incompressibles caoutchouteux. Il est exprimé en fonction des invariants du tenseur de déformation de Cauchy Green droit, il a deux paramètres ça forme est :

$$W(I_1, I_2) = C_1(I_1 - 3) + C_2(I_2 - 3) \qquad (1.30)$$

De nombreux modèles sont fondés sur cette approche, avec des ordres supérieurs ce qui permet de faire évoluer le nombre de paramètres matériau. Toute fois, il a été prouvé que le comportement d'une telle loi n'est pas stable suivant l'ordre choisi, ce qui rend le choix de celui ci difficile.

Parmi ces potentiels, nous citons le modèle de Rivlin et Saunders [86], toujours pour les matériaux incompressibles :

$$W(I_1, I_2) = \sum_{i,j=0}^{m} C_{ij} (I_1 - 3)^i (I_2 - 3)^j \qquad (I.31)$$

Plus tard, celui-ci a été généralisé aux matériaux compressibles, c'est le modèle d'Ogden et Barthold [87] dont l'expression est :

$$W(I_1, I_2, I_3) = \sum_{i,j,k=0}^{m} C_{ijk} (I_1 - 3)^i (I_2 - 3)^j (I_3 - 1)^k \qquad (I.32)$$

C_{ijk} sont les constantes matériau, m est un nombre pouvant prendre des valeurs infinies. Cette expression permet de retrouver le potentiel de Mooney-Rivlin pour m=1 et k=0 et le potentiel Néo-Hookèen (pour i=1, j=0 et k=0) dont l'équation est :

$$W(\underline{C}) = C_{100}(I_1 - 3) \qquad (I.33)$$

Le modèle Néo-Hookèen a été proposé par Treloar [88] sur la base de l'approche statistique, dans laquelle est admise l'origine quasi entropique de l'élasticité caoutchoutique. La constante $C_{100} = NkT/2$, où N est la densité des chaînes moléculaires, k est la constante de Boltzmann et T la température. Le domaine de validité pour le Néo-Hookèen se limite aux déformations moyennes (élongation inférieure à 1.5) mais il représente une bonne approximation pour modéliser le comportement hyperélastique des élastomères incompressibles pour des grandes élongations (jusqu'à 7.5). Ce modèle à servi à d'autres auteurs pour valider leurs modèles à l'instar du modèle statistique d'Arruda et Boyce [89] et le modèle d'Ogden [90].

- **Potentiel d'Ogden**

Le modèle d'Ogden [90] a été développé pour modéliser les élastomères. Il est exprimé en fonction des élongations, le potentiel correspondant consiste à une combinaison linéaire de puissances des élongations principales, pour les matériaux incompressibles :

$$W(\lambda_1, \lambda_2, \lambda_3) = \sum_P^N \frac{\mu_P}{\alpha_P}\left[\lambda_1^{\alpha_P} + \lambda_2^{\alpha_P} + \lambda_3^{\alpha_P} - 3\right] \qquad (I.34)$$

Les constantes α_P et μ_P sont les paramètres matériaux. λ_1, λ_2 et λ_3 sont les valeurs propres des tenseurs d'élongations principales. Les puissances mises en jeu dans le potentiel d'Ogden sont réelles ce qui lui confère un intérêt particulier.

Ce potentiel a été généralisé aux matériaux compressibles, c'est le modèle compressible d'Ogden [87] dont l'expression est :

$$W(\lambda_1, \lambda_2, \lambda_3) = \sum_P^N \frac{\mu_P}{\alpha_P}\left[\lambda_1^{\alpha_P} + \lambda_2^{\alpha_P} + \lambda_3^{\alpha_P} - 3\right] + g(J) \qquad (1.35)$$

$g(J)$ est le terme prenant en compte les changements de volume.

Bien que le choix des paramètres ne soit pas trivial, Ogden obtient de bonnes corrélations avec les résultats expérimentaux même pour des élongations très importantes, de l'ordre de 7.5 en utilisant seulement 06 paramètres. Comme pour le précédent potentiel, un nombre important de paramètres peut entraîner des instabilités.

I.7.4 Les modèles en hyperélasticité anisotrope

- **Modèle de Weiss**

Ce modèle a été formuler par Weiss [92,93] pour modéliser les matériaux isotropes transverses. C'est une extension du modèle de Mooney-Rivlin pour lequel une fonction exponentielle des invariants mixte a été introduite afin de modéliser le comportement des fibres. Celui-ci a été utilisé dans le domaine de la biomécanique pour modéliser des tissus biologiques souples.

$$W = W(I_1, I_2, I_4) = C_1(I_1 - 3) + C_2(I_2 - 3) + C_3\left(e^{(I_4-1)} - I_4\right) \quad (I.36)$$

Ce modèle a été extrapolé par Holzapfel [94] pour modéliser le comportement d'un matériau orthotrope : les parois artérielles. Il a été exploité par Milani [95] pour modéliser un renfort enrobé de matrice. Le potentiel proposé est la somme des trois termes. Le premier terme est un potentiel modélisant les déformations de la matrice seule. Il correspond à la première phase de la réponse dans laquelle les fibres ne sont pas actives. Le seconde terme, dû à l'interaction fibre-matrice, correspond à la phase intermédiaire de la réponse dans laquelle les fibres et la matrice interagissent. Le dernier terme est le potentiel qui reproduit le durcissement dû aux déformations des fibres vers la fin de chargement. Le potentiel reprenant les tensions dans les deux réseaux de fibres est représenté par des fonctions exponentielles :

$$W = W\big|_{matrice} + \frac{m}{2}(I_1 - 3)(I_4 + I_6 - 2)\big|_{int\ eraction}$$
$$+ \left.\frac{k_1}{2k_2}\left(e^{(I_4-1)^2} - 1\right) + \frac{k_1}{2k_2}\left(e^{(I_6-1)^2} - 1\right)\right|_{fibres} \quad (1.37)$$

C_1, C_2, C_3, m, k_1 et k_2 sont des constantes de modèle à déterminer.

I_1, I_2, sont les invariants principaux, I_4 et I_6 sont les invariants mixtes construits sur les deux directions d'anisotropies.

$W\big|_{matrice}$: représente un potentiel isotrope, dans la majorité des cas le potentiel de Mooney-Rivlin ou le potentiel d'Ogden est considéré.

- **Modèle de Itskov et Aksel**

Itskov et Aksel [96] ont proposé une forme de l'énergie de déformation modélisant les milieux orthotropes et isotropes transverses. Elle est représentée par une série puissance comparable à celle des milieux isotropes, mais avec une forme particulière des invariants. Cette énergie est polyconvexe et satisfait les conditions de contraintes nulles à l'état naturel :

$$W = \frac{1}{4}\sum_{r=1}^{s}\mu_r\left[\frac{1}{\alpha_r}\left(\tilde{I}_r^{\alpha_r} - 1\right) + \frac{1}{\beta_r}\left(\tilde{J}_r^{\beta_R} - 1\right) + \frac{1}{\gamma_r}\left(III^{-\gamma_r} - 1\right)\right] \quad (I.38)$$

Où μ_r, α_r, β_r et γ_r (r =1, 2………, s) sont des constantes matériau à déterminer grâce à des données expérimentales, III représente le déterminant du tenseur de Cauchy Green droit $\underline{\underline{C}}$ et $\tilde{I}_r, \tilde{J}_r$ sont les invariants généralisés obtenus par combinaison linéaire des invariants du tenseur $\underline{\underline{C}}$, ils sont donnés par :

$$\tilde{I}_r = \sum_i^n W_i^{(r)} I_i \quad \text{et} \quad \tilde{J}_r = \sum_i^n W_i^{(r)} J_i \quad r=1, 2, \ldots\ldots\ldots$$

Avec $I_i = Tr\left(\underline{\underline{C}}.\underline{\underline{L}}_{ii}\right)$ et $J_i = Tr\left(Cof\ \underline{\underline{C}}.\underline{\underline{L}}_{ii}\right)$ où $Cof\ \underline{\underline{C}} = \det \underline{\underline{C}}.\underline{\underline{C}}^{-T}$

Et $W_i^{(r)}$ sont des coefficients de pondération des directions matérielles principales avec :

$$\sum_i^n W_i^{(r)} = 1 \quad r= 1, 2, \ldots\ldots$$

Dans le cas particulier d'un matériau isotrope ($W_i^{(r)} = \frac{1}{3}$, i=1, 2, 3 et r =1, 2, …, s) ce modèle se réduit au matériau de Mooney-Rivlin.

Conclusion

Les différents aspects microscopiques et macroscopiques de la déformation plastiques des polymères semi cristallins en général et le polyéthylène en particulier ont été décrits. Le polyéthylène à haute densité est un matériau composite, dont la microstructure est composé de deux phases : **amorphe** et **cristalline**. La compréhension des phénomènes d'endommagement nécessite la maîtrise de rôle de chaque phase. Les relations entre la microstructure et les propriétés physique et mécanique ainsi que leur influence sur le processus de déformation volumique sont bien établie. Les effets du vieillissement sur le comportement mécanique en particulier et sur la morphologie structurale ont été étudiés.

La modélisation du comportement mécanique de ce type des matériaux, à notre avis, est très compliquée. Cela est dû à la morphologie microstructurale **semi-cristallines**, surtout concernant l'endommagement du PEHD en grandes déformations. L'endommagement des polymères semi cristallins est bien plus complexe que celui qu'on peut d'écrire à l'aide d'une détérioration continue des propriétés élastiques (chute de module de Young). L'évolution du module de Young apparent du PEHD sollicité en traction uniaxiale, présente une **décroissance suivie d'une forte remontée** attribuable aux réarrangements macromoléculaires (**formation** *de craquelures « intra et intersphérolitiques », croissance et coalescence de craquelures, formation d'une structure micro- fibrillaire)* intervenant aux grandes déformations.

Chapitre II

Programme expérimental et premières observations

Introduction

Comme nous l'avons vu dans le chapitre précédent, les structures et les morphologies des polymères semi cristallins peuvent être définies à différentes échelles d'observation :

- au niveau du cristal polymère, en général une lamelle de faible épaisseur ;
- au niveau de l'arrangement local de ces lamelles, séparées par de la phase amorphe ;
- au niveau d'organisations à grande distance de lamelles cristallines et de zones interlamellaires amorphes, les plus classiques étant les sphérolites ;
- au niveau de l'échantillon massif tout entier, qui peut présenter une structure homogène (sphérolitique …) ou hétérogène.

Il en résulte que la déformation de tout polymère semi cristallin est a priori susceptible de faire intervenir des mécanismes à ces différents niveaux ; ces mécanismes peuvent être :

- des mécanismes de déformation des empilements de lamelles par glissement ou séparation interlamellaire, ou par rotation des empilements de lamelles ;
- des mécanismes de déformation à l'intérieur des lamelles cristallines par glissement, maclage ou modification de la phase cristalline ;
- des mécanismes de destruction des lamelles cristallines. Elles se transforment en une structure microfibrillaire dans laquelle l'axe des chaînes est orienté selon la direction de déformation.

Ce chapitre est consacré à la caractérisation du comportement mécanique et microstructurale du PE100 ainsi que les effets de vieillissement thermique à différentes durées de maintien (48h, 96h, 144h, 192h) pour une température de 90°C sur la microstructure ainsi que les caractéristiques intrinsèques de PEHD (PE100).

Programme expérimentale et premières observations

Avant de présenter les résultats, nous commencerons par une étude générale des propriétés mécaniques et microstructurales de PEHD (PE100), suivie d'une description des éprouvettes et du dispositif expérimental ayant permis de réaliser ces essais. Enfin, le déroulement des essais en mettant l'accent sur les conditions et les procédures utilisées lors de cette étude sera présenté.

II.1 Polymère étudié

Le matériau utilisé dans cette étude est un polyéthylène à haute densité, PEHD (PE100), fabriqué dans un premier temps sous forme de granulés, importé par l'entreprise CHIALI située à SIDI BELABES (Algérie).il a été ensuite extrudé afin de fabriquer des tubes de différents diamètres. Il s'agit d'un thermoplastique semi-cristallin, comportant une phase amorphe et une phase cristalline et se présentant sous forme d'un agrégat sphérolitique.

Sa masse molaire est de l'ordre de 300000 g/mol, les températures de fusion et de transition vitreuse sont respectivement de 135°C et de -125°C, et la masse volumique égale à 0,97 g/cm^3.

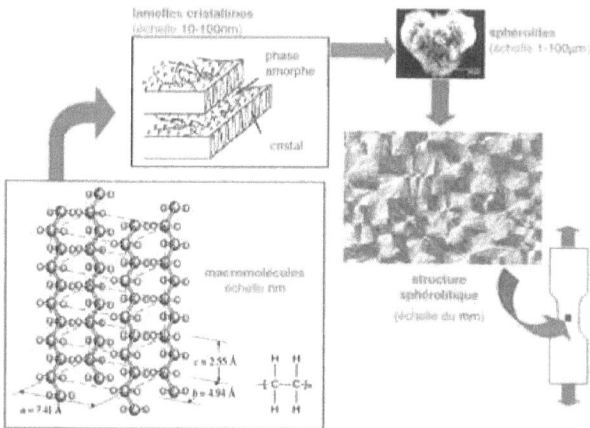

Fig.II.1 : Représentation multi-échelle de la structure du PEHD semi-cristallin : passage de la structure cristalline (maille orthorhombique) à l'agrégat sphérolitique et l'échelle correspondantes.

Programme expérimentale et premières observations

II.2 Moyens d'essais

II.2.1 L'analyse par thermogravimétrie

Afin de connaître la température de dégradation sous air et sous argon de notre matériau. Nous avons utilisé l'analyse thermo-gravimétrique (ATG). Cette dernière est une technique d'analyse qui consiste en la mesure de la variation de masse d'un échantillon en fonction de la température. L'appareil se compose typiquement d'une enceinte étanche permettant de contrôler l'atmosphère de l'échantillon, d'un four permettant de gérer la température, d'un module de pesée (microbalance), d'un thermocouple pour mesurer la température et d'un ordinateur permettant de contrôler l'ensemble et d'enregistrer les données. A partir de cette technique on peut effectuer :

- Une analyse thermique qui mesure la quantité et la vitesse de changement de masse d'un échantillon en fonction de la température et du temps dans une atmosphère contrôlée.
- La détermination de la composition des matériaux, et prédiction de leur stabilité thermique jusqu'à 1500°C.
- La quantification des pertes ou gains de masse liés à la décomposition, l'oxydation ou la désolvatation.

Pour cela des échantillons de même taille ont été pesées au préalable, puis mis dans un four réglé à une température de 200°C. Après cela, la température est augmentée par intervalle de 5°C jusqu'à une température de 600°C.

II.2.2 Méthode du vieillissement accéléré:

Pour réaliser un vieillissement thermique, nous avons utilisé une étuve de type MEMMERT. L'étuve est une enceinte chauffante fonctionnant, dans la majorité des cas, dans l'air et permettant d'effectuer des traitements thermiques à température régulée. La température maximum est de l'ordre de 500°C, au-delà on parlera plutôt de four. Les étuves sont généralement équipées de chauffages électriques. Elles sont pourvues d'un système de ventilation afin de rendre la température la plus homogène possible.

Programme expérimentale et premières observations

Dans notre cas, nous avons déposé les échantillons dans l'étuve d'une manière à ce qu'au moment de leur prélèvement on évite une diminution de température de maintien (Fig.II.2). Les Caractéristiques du traitement sont les suivantes :

1) La vitesse de chauffage est de l'ordre de 2 °C/Mn
2) Le maintien de différents échantillons pendent différentes durées (48h, 96h, 144h et 192h) à 90°C
3) Un refroidissement à l'air.

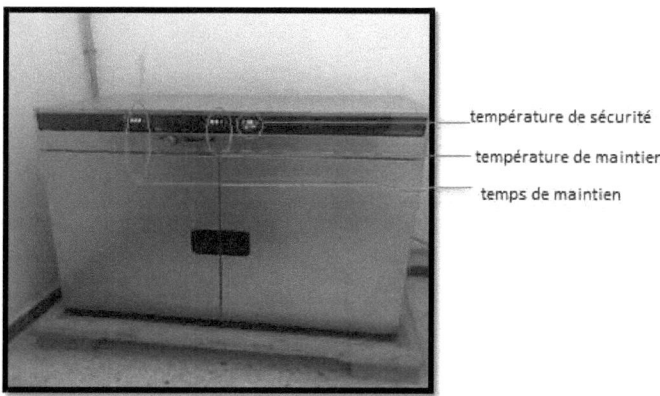

Fig.II.2 : Etuve de type MEMMERT.

II.2.3 Diffractométrie de rayons X

La technique de diffraction des rayons X aux grands angles est utilisée pour caractériser la structure du polymère à l'échelle de son réseau cristallin. Le dispositif utilisé assure l'émission d'un faisceau monochromatique de la raie K-α du cuivre (λ = 1.54 Å).

Les rayons X, comme toutes les ondes électromagnétiques, provoquent un déplacement du nuage électronique par rapport au noyau dans les atomes ; ces oscillations induites provoquent une réémission d'ondes électromagnétiques de même fréquence ; ce phénomène est appelé diffusion Rayleigh.

Programme expérimentale et premières observations

La longueur d'onde des rayons X étant de l'ordre de grandeur des distances interatomiques (quelques angströms), les interférences des rayons diffusés vont être alternativement constructives ou destructives. Selon la direction de l'espace, on va donc avoir un flux important de photons X, ou au contraire très faible ; ces variations selon les directions forment le phénomène de **diffraction X**.

Les directions dans lesquelles les interférences sont constructives, appelées « pics de diffraction », peuvent être déterminées très simplement par la formule suivante, dite loi de Bragg : $2d\sin\theta = n.\lambda$

Avec:

- d = distance interréticulaire, c'est-à-dire distance entre deux plans cristallographiques ;
- θ = demi-angle de déviation (moitié de l'angle entre le faisceau incident et la direction du détecteur) ;
- n = ordre de réflexion (nombre entier) ;
- λ = longueur d'onde des rayons X.

Comme les plans cristallographiques peuvent être repérés par les indices de Miller {h, k, l}, on peut indexer les pics de diffraction selon ces indices.

En effet, dans le but de déterminer l'influence du vieillissement thermique sur le taux de cristallinité de notre polymère, nous avons analysé trois échantillons (non vieilli, vieilli 48h, vieilli 192h), à l'aide d'un diffractomètre de type PanAlytical X'Pert Pro MPD, (fig.II.3) doté d'un goniomètre theta/theta, (la configuration θ-θ est illustrée par le schéma de la figure II.4), et d'une anode Cu Lambda= 1.5418 Å.
L'analyse a été faite avec un intervalle de balayage allant de 1.5000° jusqu'à 79.9928°, en utilisant un pas de 0.0167°/s.

Programme expérimentale et premières observations

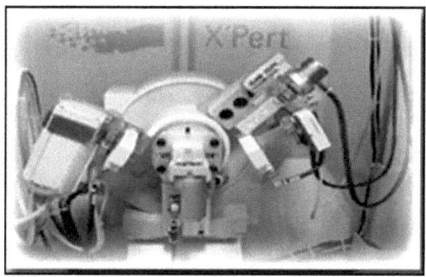

Fig.II.3 : diffractomètre de type PanAlytical X'Pert Pro MPD

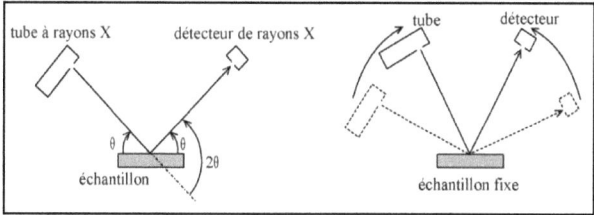

Fig.II.4 : la configuration θ-θ.

Pour estimer la variation du taux de cristallinité des échantillons vieillis et celui n'ayant pas subi de traitement, nous avons eu recours au calcul de la largeur intégrale, et de la largeur à mi-hauteur, dont la diminution de leur valeur signifie une augmentation du taux de cristallinité. La largeur intégrale est le rapport de la surface du pic d'intensité maximale sur sa hauteur.

Pour le calcul de la surface des pics, de la largeur à mi hauteur nous avons utilisé le logiciel X'Pert HighScore.

II.2.4 La spectroscopie infrarouge a transformée de Fourier (IRTF)

La spectroscopie Infrarouge à Transformée de Fourier est une technique de mesure basée sur l'absorption d'un rayonnement infrarouge par le matériau analysé. Elle permet via la détection des vibrations caractéristiques des liaisons chimiques, d'effectuer l'analyse des fonctions chimiques présentes dans le matériau.

Lorsque la longueur d'onde (l'énergie) apportée par le faisceau lumineux est voisine de l'énergie de vibration de la molécule, cette dernière va absorber le rayonnement et on enregistrera une diminution de l'intensité réfléchie ou transmise.

Programme expérimentale et premières observations

La position de ces bandes d'absorption va dépendre en particulier de la différence d'électronégativité des atomes et de leur masse. Par conséquent à un matériau de composition chimique et de structure donnée va correspondre un ensemble de bandes d'absorption caractéristiques permettant d'identifier le matériau.

L'analyse s'effectue à l'aide d'un spectromètre à transformée de Fourier qui envoie sur l'échantillon un rayonnement infrarouge et mesure les longueurs d'onde absorbées par le matériau et les intensités de l'absorption.

Les longueurs d'ondes auxquelles on constate des pics d'absorption, sont caractéristiques des groupes chimiques présents dans le matériau analysé. Des tableaux permettent d'identifier chacun de ces groupes.

L'intensité de l'absorption à la longueur d'onde caractéristique est reliée à la concentration du groupe chimique responsable de l'absorption.

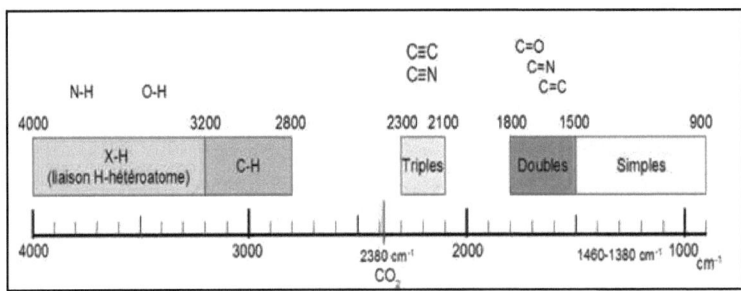

Figure II.5 : Domaines d'absorption correspondant à divers types de liaisons chimiques.

Programme expérimentale et premières observations

Pour mieux comprendre le processus de post cristallisation de nos échantillons, nous sommes amené à réaliser un examen par infrarouge a transformé de Fourier. L'analyse a été effectuée sur trois échantillons (NV, V48h, V192h). Nous avons immergé les trois échantillons dans de l'azote liquide, afin de les porter au dessous de leur température de transition vitreuse, pour qu'ils deviennent friable. Puis nous les avons broyés à faible proportion dans le KBr afin d'élaborer des pastilles à analyser par spectroscopie infrarouge.

II.2.5 Calorimétrie différentielle (DSC)

L'analyse calorimétrique différentielle permet de caractériser les changements de phase en mesurant le flux thermique échangé par un échantillon soumis à une rampe de température.

Le flux thermique (exprimé en W/g) est parfois converti en chaleur spécifique (Cp, qui s'exprime en J/ (g*K)) en divisant par la vitesse de chauffe. Les thermogrammes de DSC (flux thermique ou Cp en fonction de la température) présentent un pic endothermique lors de la fusion des cristallites contenues dans le polymère, ce qui permet d'obtenir une estimation du taux de cristallinité.

Un analyseur calorimétrique différentiel Pyris de PerkinElmer, étalonné a été utilisé. Une vitesse de chauffe de 10°C/min a été imposée. La masse de polymère (4 à 6 mg) a été déterminée à l'aide d'une balance de précision. On a essayé au maximum d'avoir une surface spécifique équivalente d'un échantillon à un autre pour maintenir un coefficient de transfert thermique constant.

Pour cela, les échantillons massifs ont été découpés en fins copeaux pour augmenter leur surface spécifique et se rapprocher de celle d'une poudre. Il s'avère en effet qu'à masse identique, un échantillon avec une faible surface spécifique pourra, par effet d'inertie, voir le maximum de son pic de fusion décalé de 1 à 2°C vers les hautes températures [20]. Le début du pic de fusion (pris par convention comme l'intersection de la tangente au point d'inflexion du pic et de la ligne de base), qui s'avère moins sensible aux variations de masse et de coefficient de transfert thermique, a aussi été utilisé. Le taux de cristallinité massique du polymère Xc est généralement obtenu de la façon suivante :

$$\chi_c = \frac{\Delta H_f}{\Delta H_f^0} \tag{II.1}$$

ΔH_f est l'enthalpie correspondant à l'aire sous le pic de fusion, mesurée entre une température $T1$ prise avant le début de la fusion et une température $T2$ prise après le pic de fusion (figure II.6) et ΔH_f^0 est l'enthalpie de fusion d'un cristal parfait de taille infinie.

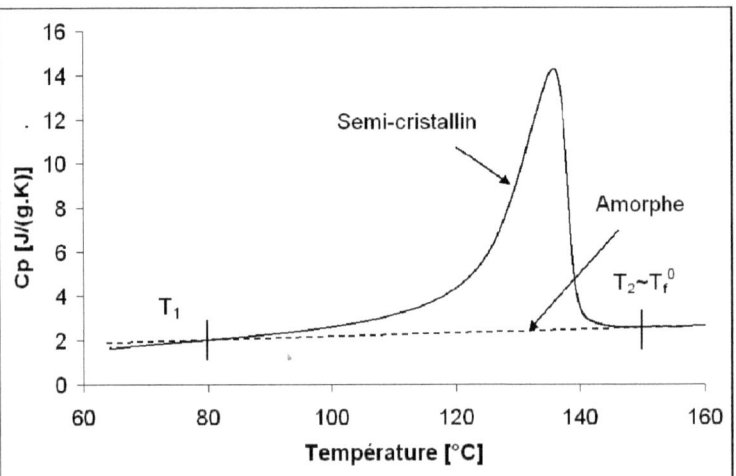

Figure II.6 Exemple de thermogramme DSC. La courbe en traits pointillés est le prolongement de la courbe du semi-cristallin après la fusion et correspond à la chaleur spécifique de l'amorphe. ΔHf est l'aire située entre les deux courbes.

II.2.6 Analyse mécanique dynamique (DMA)

De façon plus élaborée que la simple mesure de module de Young, l'analyse mécanique dynamique consiste à imposer à un matériau une déformation sinusoïdale de pulsation ω (en rad.s^{-1}), et donc de fréquence $f = \omega/2\pi$ (en Hz) :

$$\varepsilon(t) = \varepsilon_0 \sin(\omega t) \tag{II.2}$$

La contrainte associée est alors de la forme :

$$\sigma(t) = \sigma_0 \sin(\omega t + \delta) \tag{II.3}$$

Où δ désigne l'angle de déphasage entre la déformation et la contrainte.

Programme expérimentale et premières observations

Pour une déformation imposée suffisamment faible ($\varepsilon_0 < 10^{-2}$ ou 10^{-3}), le module complexe E^*, défini comme le rapport de la contrainte σ à la déformation maximale ε_0, comporte une partie réelle, le module de conservation E', en phase avec la déformation, et une partie imaginaire, le module de perte E'', en quadrature avec la déformation :

$$E^* = E' + iE'' = \frac{\sigma_0}{\varepsilon_0}\cos\delta + i\frac{\sigma_0}{\varepsilon_0}\sin\delta \qquad (\text{II.4})$$

Pour un solide parfaitement élastique, δ et E'' sont nuls ; pour un liquide visqueux idéal, $\delta = \frac{\pi}{2}$ et E' est nul.

Compte tenu de l'équation (II.4), la tangente de l'angle de perte, $\tan\delta$ est reliée à E' et E'' par :

$$\tan\delta = \frac{E''}{E'} \qquad (\text{II.5})$$

L'angle de perte d exprime le déphasage entre la réponse de l'échantillon et la sollicitation imposée.

Des essais en torsion ont été réalisés à 1Hz et 1 °C/mn sur des éprouvettes vierge et vieillis de section 1mm*3mm et de longueur de 30 mm.

II.2.7 Essai de vidéotraction et mesure tridimensionnelle des déformations

Les essais de traction en grandes déformations ont été effectués sur une machine hydraulique de traction universelle équipée d'un système de mesure de déformations sans contact, appelé vidéotraction (Figure II.7). Ce système s'appuie sur l'utilisation d'une caméra vidéo CDD interfacée à un PC et montée sur un pied motorisé, et sur un logiciel informatique permettant le traitement en temps réel de l'image. La méthode permet d'imposer une déformation et une vitesse de déformation axiale et de mesurer en temps réel les déformations transversales grâce à un marquage de la surface de l'éprouvette, ou bien le suivi direct du diamètre de l'éprouvette.

Programme expérimentale et premières observations

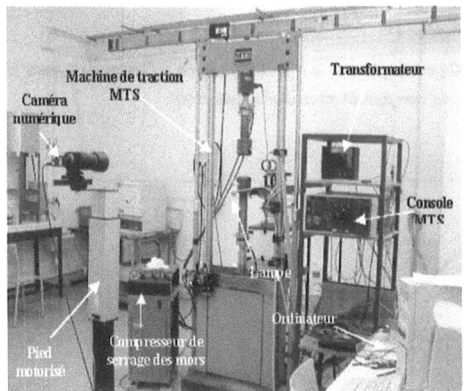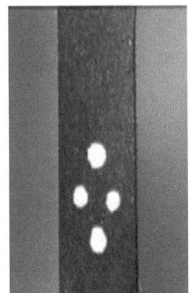

Fig.II.7 : Schéma du système vidéotraction

Les déformations et la contrainte vraies sont estimées au cours de la sollicitation dans la partie utile correspondant à un Volume Elémentaire Représentatif. Ce VER est choisi de sorte que la striction y soit contenue. Les taches d'encre sont disposées sur les faces de l'éprouvette selon une disposition symétrique (axe 1 et 2 de l'éprouvette).

Dans notre cas, c'est la méthode quatre (04) taches qui à été retenue, où deux d'entre elles sont alignées selon l'axe 1 et les deux autres selon la direction transversale 2.

L'analyse géométrique de la position de ces taches consiste à repérer la position de leur barycentre, et d'enregistrer la variation de leurs distances relatives. Le logiciel de traitement d'image estime au cours d'essai la déformation axiale et la déformation transverse selon l'axe 2, et enregistre au même temps la force appliquée pour déterminer la contrainte vraie axiale.

Pour estimer les déformations vraies axiale (direction 1) et transverse (direction 2 et 3) et par suite la déformation volumique et la contrainte vraie, on définit un VER centré autour de la tache centrale (figure II.8). Le système vidéotraction permet de mesurer les déformations partielles relatives aux cinq (05) taches dans la direction de traction :

$$\varepsilon_{11}^{AB} = \ln\left(\frac{AB}{A_0 B_0}\right) \qquad (II.6)$$

Programme expérimentale et premières observations

$$\varepsilon_{11}^{BC} = \ln\left(\frac{BC}{B_0 C_0}\right) \quad \text{(II.7)}$$

$$\varepsilon_{11}^{CD} = \ln\left(\frac{CD}{C_0 D_0}\right) \quad \text{(II.8)}$$

$$\varepsilon_{11}^{DE} = \ln\left(\frac{DE}{D_0 E_0}\right) \quad \text{(II.9)}$$

Les lettres indicées 0 représentent les positions des taches avant la déformation. L'estimation de la déformation vraie axiale, ε_{11}, est réalisée à l'aide d'une interpolation polynomiale faite au niveau de la zone FCG (figure II.8).

L'évaluation de la déformation transversale ε_{22} se fait en prenant la moyenne des déformations dans la zone FCG :

$$\varepsilon_{22} = \frac{1}{2}(\ln\left(\frac{FC}{F_0 C_0}\right) + \ln\left(\frac{CG}{C_0 G_0}\right)) \quad \text{(II.10)}$$

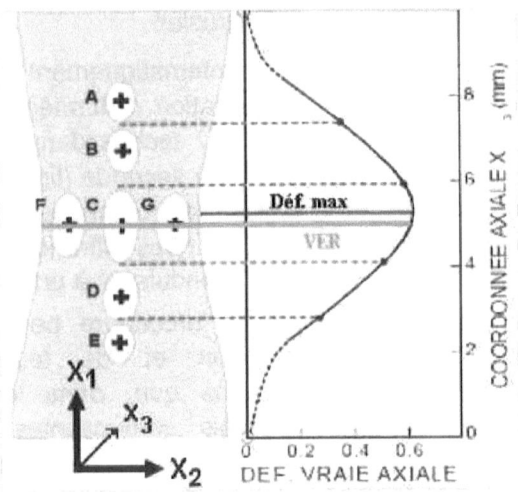

Fig.II.8 : interprétation schématique de la méthode des taches [G'sell]

Dans le cas de l'hypothèse de l'isotropie transverse, largement utilisée dans la littérature on admet que : $\varepsilon_{22} = \varepsilon_{33}$, la déformation volumique, s'appuyant notamment sur les taches FCG, peut alors être évaluée de la façon suivante :

$$tr\underline{\varepsilon} = \varepsilon_v = \varepsilon_{11} + 2\varepsilon_{22} \quad (II.11)$$

Les grandeurs ainsi déterminées permettent d'obtenir la contrainte vraie axiale par la relation suivante :

$$\sigma_{11} = \frac{F_1}{S} = \frac{F_1}{S_0}\exp(-2\varepsilon_{22}) \quad (II.12)$$

Où S_0 désigne la section initiale de l'éprouvette, et F_1 la force axiale.

II.2.7.1 Géométrie et préparation des éprouvettes

Les éprouvettes ont été usinées au niveau du hall technologique de OUED AISSI (département science et technologie). Elles ont été prélevées sous forme de parallélépipèdes à partir de tubes de PEHD dans le sens axial (figure II.9).

Programme expérimentale et premières observations

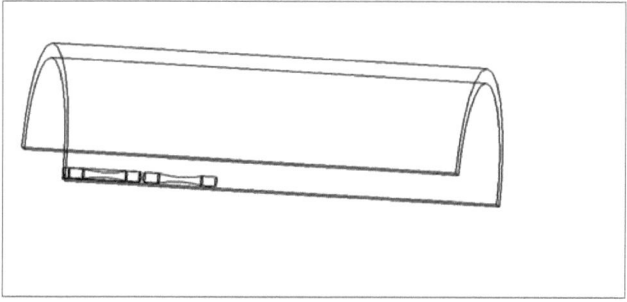

Fig.II.9: Sens de prélèvement des éprouvettes dans un tube de PEHD

La géométrie de l'éprouvette lanière est présentée dans la figure II.10, la partie centrale constitue un cube de 6 mm de coté dans lequel apparaîtra et se développera la striction. Cette zone de 6 mm où sera effectué le marquage, recouvre toute la région de déformation localisée. Les rayons de courbures sont grands, de façons à éviter au maximum les concentrations de contraintes.

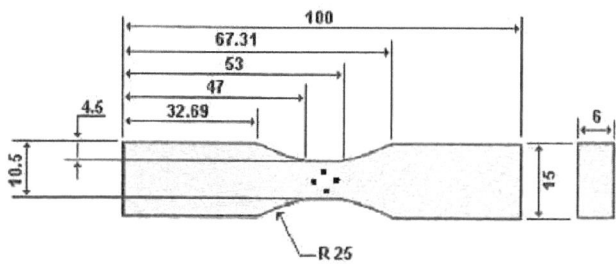

Fig.II.10 : Géométrie de l'éprouvette lanière

II.2.8 Protocole expérimental

Différentes séquences de chargement sont appliquées, principalement en traction jusqu'à des niveaux de déformation de l'ordre de $\varepsilon \approx 2$. Toutes les compagnes d'essais ont été menées à une température contrôlée de 23°C. Il s'agit notamment d'essais classiques de traction monotone, d'essais comportant des sauts de vitesse, de compression.

Au cours de cette étude, nous avons opté pour une technique de quatre (04) taches, cette technique nous permet de mesurer la déformation transversale. Avec l'hypothèse d'isotropie ($\varepsilon_{22} = \varepsilon_{33}$), on pourra calculer la déformation volumique ($\varepsilon_V = \varepsilon_{11} + 2\varepsilon_{22}$).

Afin de s'assurer d'une bonne précision des résultats, l'étalonnage de la machine d'essais est vérifié. Les résultats obtenus sont également comparés à ceux d'une équipe de l'Ecole des mines de Nancy [103].

II.3 Résultats expérimentaux

Les résultats de la caractérisation du comportement mécanique et microstructurales du PE 100 avant et après vieillissement thermique seront présentés ci-dessous.

II.3.1 Analyse Thermogravimétrique (ATG)

La stabilité thermique est généralement évaluée par analyse thermogravimétrique sous atmosphère inerte ou oxydante.

Pour notre cas nous avons analysé nos échantillons par thermogravimétrie sous air et sous argon, dans l'intervalle de température allant de 200°C à 600°C.

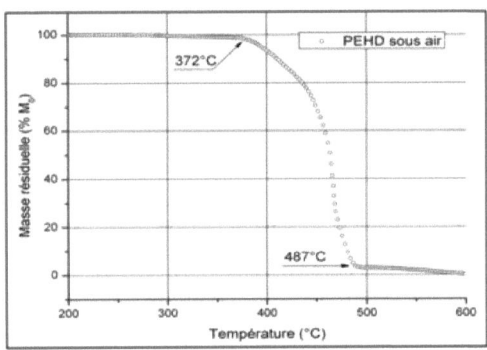

Fig.II.11 : perte de masse en fonction de la température sous air.

Programme expérimentale et premières observations

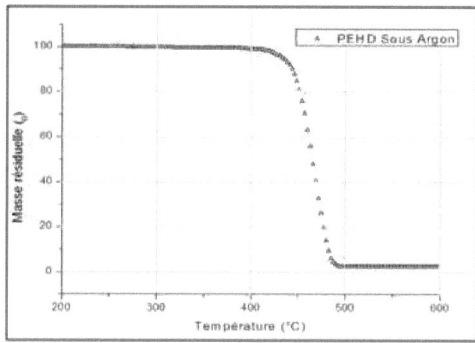

Fig.II.12 : perte de masse en fonction de la température sous argon.

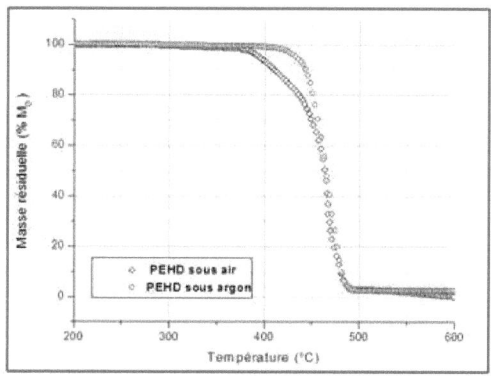

Fig.II.13: courbe de comparaison.

Après dépouillement des résultats nous avons constaté que la température du début de dégradation est de 372°C, sous air, alors qu'elle est de 420°C sous argon.

A 440°C la perte de masse est environ 20% sous air, tandis que la perte de masse sous argon n'est que de 5%.

Nous avons aussi remarqué qu'il y a eu une dégradation totale des échantillons mis sous air, alors qu'il en reste toujours un résidu solide pour les échantillons mis sous argon.

La comparaison des thermogrammes obtenus sous argon et sous air nous ont permis de mettre en évidence l'influence exercée par l'oxygène sur la dégradation du PEHD.

La transformation totale de l'état solide à l'état gazeux est appelée dégradation par « Pyrolyse ».

II.3.2 Comportement mécanique du PE100 à l'état vierge

L'évolution de la contrainte vraie en fonction de la déformation vraie axiale nous a permet de mettre en évidence les particularités de la réponse du PEHD à un chargement monotone. En effet, chaque courbe présente trois zones (figure II.14) ;

- Une zone linéaire qui présente une réponse viscoélastique ; qui correspond à l'étirage des chaînes macromoléculaires, le phénomène est réversible. Cette zone se termine généralement par un crochet qui indique la striction du matériau (courbe conventionnelle). On remarque une petite dilatation de la déformation volumique correspond au coefficient de poisson d'environ 0.42.
- Une zone viscoplastique dans laquelle la striction se stabilise et se propage vers les têtes d'éprouvettes. Durant se stage, nous constatons une compaction de la déformation volumique, cette densification est dûe à la nouvelle orientation macromoléculaire (réduction de la distance entre chaînes amorphes).
- Une zone de durcissement. Pendant laquelle, on remarque une dilatation importante de la déformation volumique dûe a:
    - La formation de craquelures (intra et intersphérolitiques)
    - La croissance et coalescence de craquelures
    - La formation d'une structure micro- fibrillaire

Programme expérimentale et premières observations

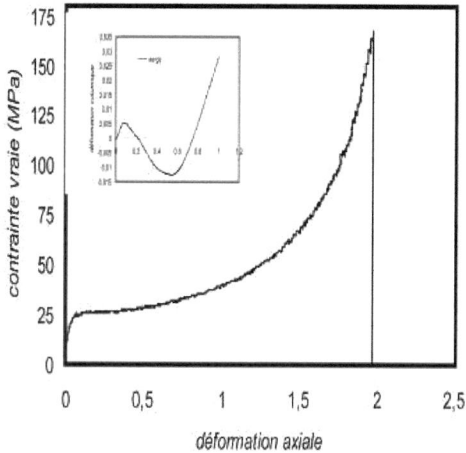

Fig.II.14 : Comportement Mécanique en traction du PE100 (contrainte axiale vraie-déformation axiale vraie)

II.3.2.1 Etude de la sensibilité du polyéthylène à la vitesse de déformation

La technique de vidéotraction ne permet pas de faire varier la vitesse de déformation sur une plage étendue (quelques décades par exemple). Les performances du système d'acquisition employé conjuguées au grand nombre de données provenant notamment des grandes déformations, nous ont permis de n'explorer qu'une plage allant de 10^{-2} à $10^{-4}\,\text{s}^{-1}$. Les principaux résultats sont représentés dans la figure (II.15).

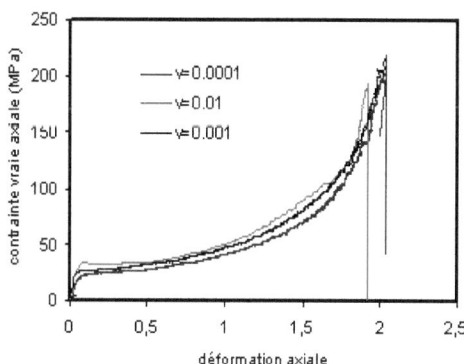

Fig. II.15 : Evolution de la contrainte vraie axiale en fonction de la déformation axiale pour différentes vitesses de sollicitation

Programme expérimentale et premières observations

Nous avons également effectué des sauts de vitesses de déformation, en faisant attention à l'ordre d'application des niveaux de vitesses : augmentation, diminution. Notre objectif est de mettre en évidence d'éventuels effets de mémoire, et de juger de la capacité du matériau à reprendre sont comportement initial après un régime de vitesse transitoire.

La figure II.16 montre l'évolution de la contrainte au cours d'un essai de comportement des sauts de vitesses de déformation en partant de 10^{-3} s^{-1} puis en revenant à cette valeur. Nous remarquons que, excepté pour les régimes transitoires suite au changement de vitesse qui s'étendent sur des plages d'environ 5 à 6% de déformation, la réponse représentée figure II.15 s'inscrit parfaitement dans la série de courbes de la figure II.14.

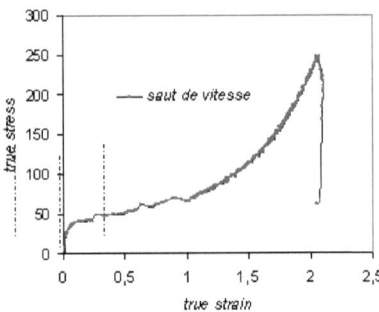

Fig. II.16 : Evolution de la contrainte vraie axiale en fonction de la déformation axiale pour différents sauts de vitesses

II.3.2.2 Schéma de formation des craquelures dans le Polyéthylène

L'étude de l'endommagement des polymères semi-cristallins est rendue complexe par l'hétérogénéité de leur structure. L'endommagement joue un rôle très important sur le comportement mécanique et surtout sur les propriétés élastiques.

Selon la littérature, l'endommagement peut être défini au sens large comme la création des surfaces de décohésion au sein du matériau. Cette définition couvre plusieurs mécanismes : cavitation, décohésion aux interfaces... les « crazes » correspondent à des fissures, craquelures et microvides.

Programme expérimentale et premières observations

Dans le but d'interpréter les phénomènes de la déformation plastiques et de l'endommagent, nous avons sollicité notre matériau à différent taux de déformation, comme la montre la figure II.17.

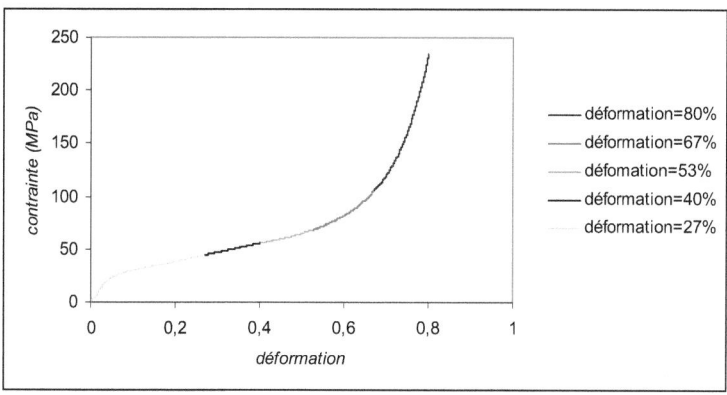

Figure II.17 : Superposition des courbes de différents taux de déformation.

Nous avons ensuite réalisé des observations au microscope à balayage (MEB) des échantillons que nous avons déformés. Lorsque l'on déforme le matériau, ce dernier réagit par l'apparition des bandes de cisaillement qui se multiplient et rétrécissent en fonction de taux de déformation, elles sont plus observées sur la surface latérale des échantillons dans le sens perpendiculaire de la force appliquée (voire figure II.18).

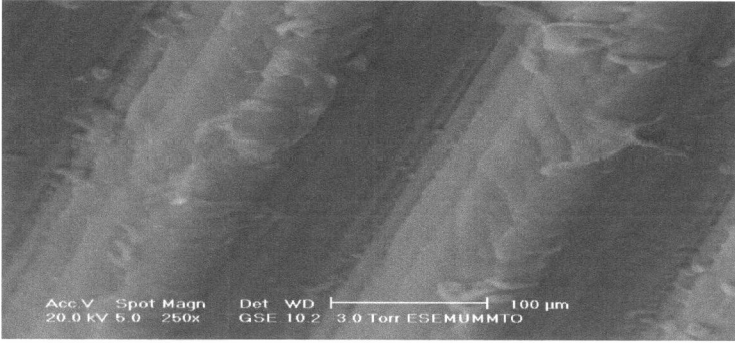

$\varepsilon = 0.27$

Programme expérimentale et premières observations

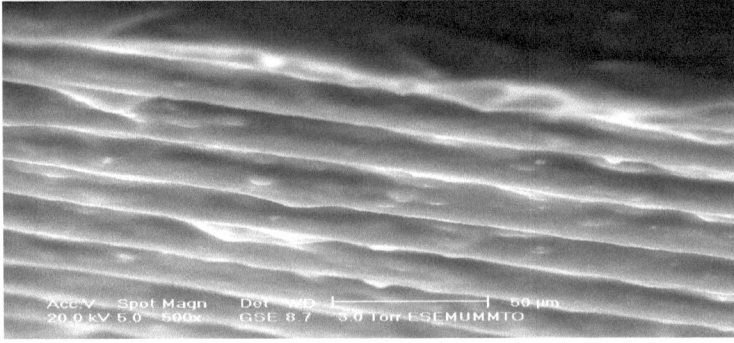

$\varepsilon = 0.8$

Figure II.18 : observation des bandes de cisaillement.

Nous avons, aussi, identifié des processus de craquelures et une concentration des défauts responsable de la déformation plastique de notre matériau. Sa morphologie à l'état non déformé est illustrée sur la (figure II.19). Pour une faible déformation des craquelures apparaissent dans la matrice du matériau. La visibilité de ces craquelures est de plus en plus nette pour des états de déformation plus sévères.

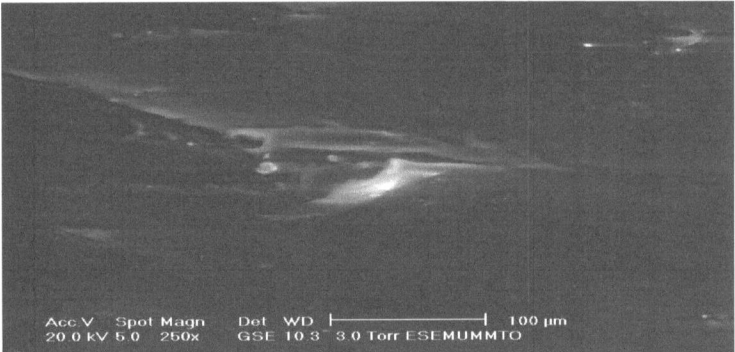

$\varepsilon = 0.27$

Programme expérimentale et premières observations

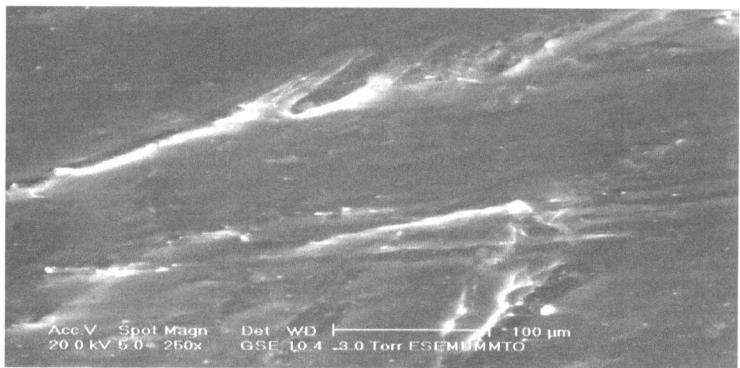

$\varepsilon=0.4$

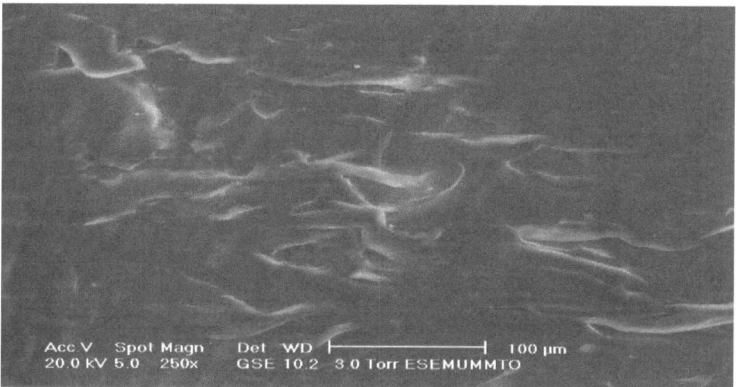

$\varepsilon= 0.53$

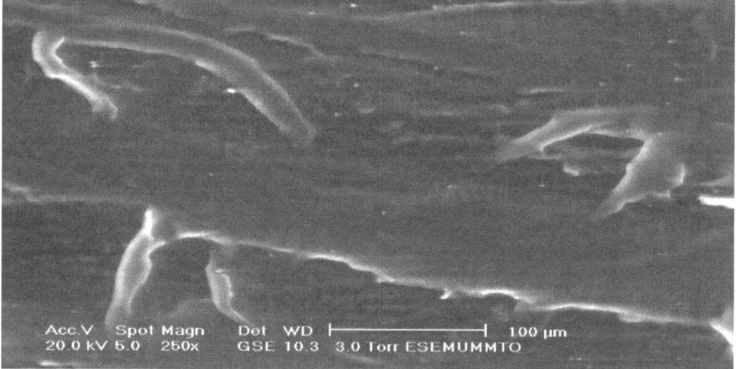

$\varepsilon=0.67$

Programme expérimentale et premières observations

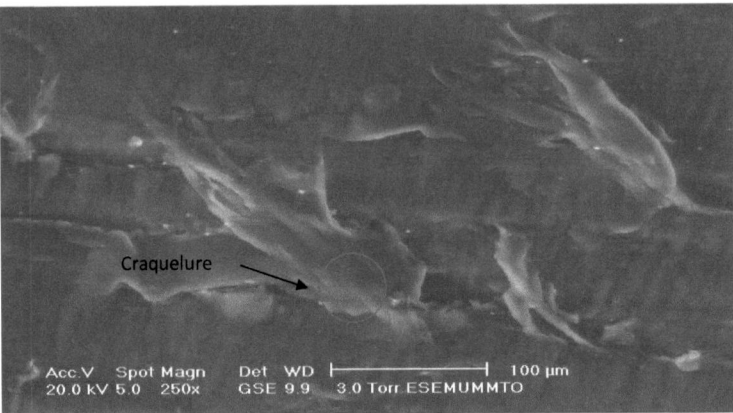

ε =0.8

Figure II.19 : Observation de craquelures par MEB pour différent taux de déformation.

II.3.3 Comportement mécanique du PE100 après vieillissement thermique:

Afin d'analyser l'influence de vieillissement thermique sur le comportement mécanique, nous traçons les courbes force déformation axiale et transversale.

La figure II.20 et II.21 rassemble l'ensemble des résultats pour les éprouvettes vierges ainsi que, vieillis respectivement (48h, 96h, 144h et 192h) à 90°C. Nos essais sont réalisés avec une même vitesse de déformation $10^{-3}s^{-1}$ et à 23°C.

Au vu de ces premiers résultats, on peut constater que, la force axiale augmente en fonction de la durée de vieillissement jusqu'à 1250 N environ (correspond à un maintien de 98 h), ensuite une stabilisation après un maintien de 144 h et 192 h.

Programme expérimentale et premières observations

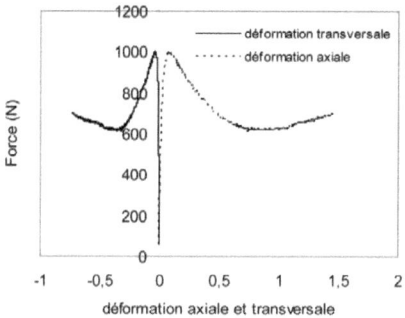

Fig.II.20 : Courbe de réponse brute de force appliquée en fonction de la déformation pour une éprouvette vierge.

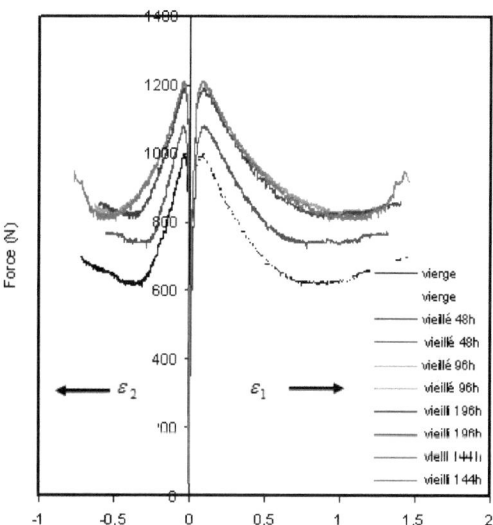

Fig.II.21 : Superposition des courbes de réponse brute de force appliquée en fonction de *la* déformation pour les éprouvettes vieillis.

Nous constatons une augmentation assez importante de la limite au seuil d'écoulement pour 48h de vieillissement, voire 96h (figure II.22), puis elle se stabilise à partir de 144h de vieillissement.

Programme expérimentale et premières observations

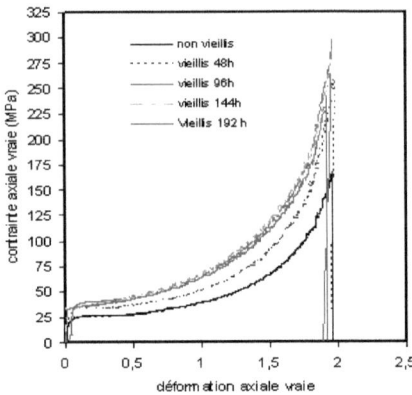

Fig.II.22 : stabilisation de la limite élastique après 192h de vieillissement

Les figures II.23, 24 et 25 nous montrent une augmentation importante de la limite au seuil d'écoulement, module de Young ainsi que la contrainte à la rupture pour 48h, et 96h de vieillissement, puis une stabilisation vers 144h et 192h de maintien.

La limite au seuil d'écoulement a atteint sa valeur maximale de 36,87 MPa, ensuite elle a diminuée jusqu'à 36,42MPa pour se stabiliser autour de cette valeur.

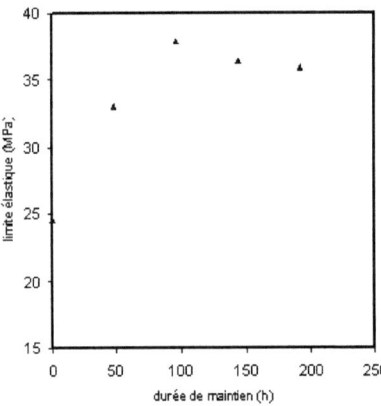

Fig.II.23 : Evolution de la limite d'élasticité en fonction de la durée du vieillissement

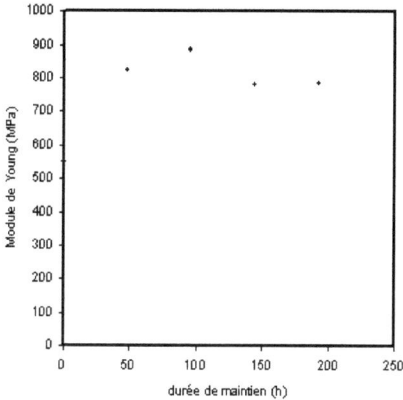

Fig.II.24 : Evolution du module de Young en fonction de la durée du vieillissement

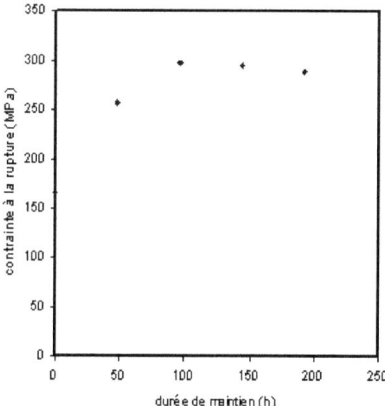

Fig.II.25 : Evolution de la contrainte à la rupture en fonction de la durée du vieillissement

En ce qui concerne la déformation volumique, le comportement est tout a fait originale, on assiste d'abord à une petite dilatation dans le domaine élastique correspondant à un coefficient de poisson de 0.41 environ. Dès que la limite élastique est passée, le volume décroît et devient même inférieur à la valeur initiale (-0.013). Cette densification s'explique sur la base de l'orientation macromoléculaire (réduction de la distance entre les chaînes amorphe)[32]. Ensuite, un processus de dilatation (naissances des craquelures, coalescence et formation d'une structure fibriaire) prend le dessus et devient dominant aux grandes déformations (figure II.26).

Programme expérimentale et premières observations

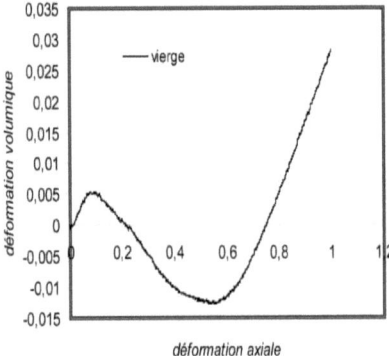

Fig.II.26 : Evolution de la déformation volumique en fonction de la déformation axiale pour PE100 à l'état vierge

Le vieillissement thermique à une influence importante sur la déformation volumique (figure II.27), on constate que l'augmentation de la déformation volumique augmente avec l'augmentation de taux de cristallinité, ce qui été remarqué par Andrzej pawlak (2007).

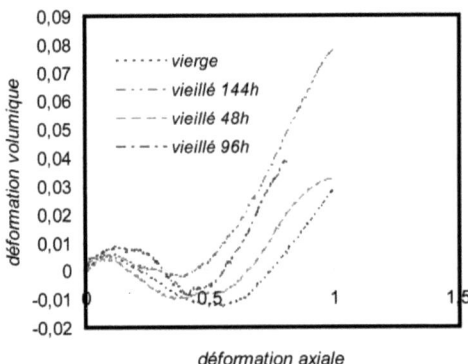

Fig.II.27 : Evolution de la déformation volumique en fonction de la déformation axiale pour PE100 après vieillissement

II.3.3.1 Mesure des cœfficients de poisson :

La mesure des coefficients de poisson pris en compte dans la figure II.28 est réalisé dans le de domaine viscoélastique pour des éprouvettes. L'évolution de ce

Programme expérimentale et premières observations

coefficient de poisson en fonction de la déformation axiale est proportionnelle aux temps de maintien isotherme.

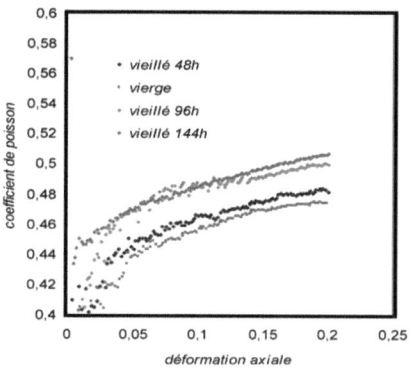

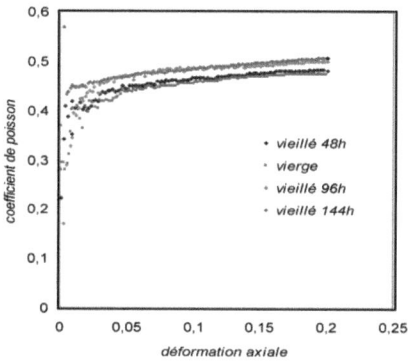

Fig.II.28 : Evolution des coefficients de poisson en fonction de la déformation axiale pour PE100 après vieillissement

II.3.3.2 Résultats de la diffractométrie de rayons X :

Les Résultats de diffraction des rayons X obtenus pour les trois échantillons (NV, V48h, V192h) sont regroupés sur les figures (II.29, II.30, II.31). Nous constatons la présence de deux pics caractéristiques de la quantité de matière diffractante de PEHD avec des angles de diffraction similaire et des intensités différentes. Ce résultat est en bonne corrélation avec les analyses IRTF (figure II.35) qui montre l'absence de dégradation de PEHD, lorsqu'il est vieilli en étuve.

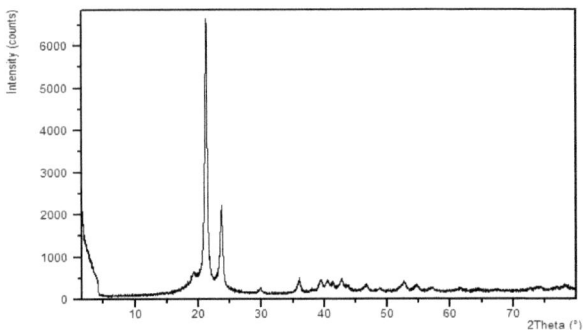

Fig.II.29 : diffractogramme de l'échantillon non vieilli.

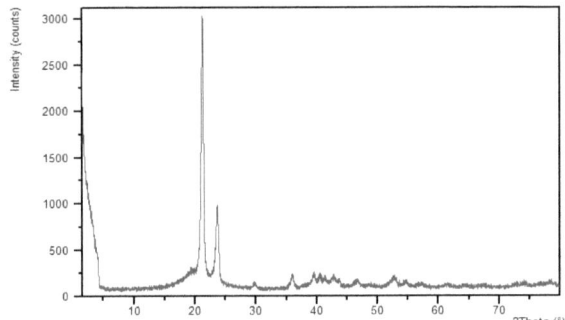

Fig.II.30 : diffractogramme de l'échantillon vieilli 48h.

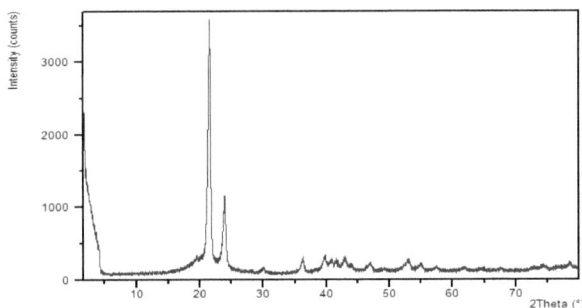

Fig.II.31 : diffractogramme de l'échantillon vieilli 192h.

Programme expérimentale et premières observations

Les résultats de calcul de la largeur intégrale ainsi que la largeur à mi-hauteur sont présentés dans le tableau ci dessous.

Tableau II.1 : Evolution de la largeur intégrale et de la largeur à mi hauteur.

Echantillons	Largeur intégrale	Largeur à mi-hauteur
Non vieilli	0.1980	0.2007
Vieilli à 48h	0.0660	0.0669
Vieilli à 192h	0.1815	0.1840

D'après le tableau (II.1) nous constatons une diminution des intensités des pics à mi-hauteur pour les deux échantillons vieillis par rapport à l'échantillon de référence (non vieillis) ce qui confirme une augmentation du taux de cristallinité du PEHD.

Cela dit, que le vieillissement thermique a produit une post-cristallisation de notre matériau.

II.3.3.3 Résultats de la spectroscopie IRTF :

Les figures (II.32, II.33, II.34) représentent respectivement les spectres d'absorption infrarouges pour les échantillons (NV, V48h, V192h). les bandes,caractéristiques du PEHD sont observées au voisinage de 1550 cm^{-1}, 2850 cm^{-1} et 3590 cm^{-1} attribuées à la liaison C=C, C-H, et au groupe hydroxyle du PEHD respectivement.

La superposition des 03 spectres (figure II.35) montre que l'intensité des bandes de vibration des liaisons C=C et C-H ne sont pas influencé par la durée du vieillissement thermiques, elle reste quasiment inchangée, ce qui confirme que le changement du comportement mécanique du PEHD, n'est pas dû à la modification des groupes chimiques présents dans le matériau, mais au phénomène de changement de morphologie structurale qu'on a désigné par post-cristallisation.

La présence des groupes hydroxyles (OH) dans ce matériau est dûs à la présence d'humidité (eau physi-sorbie) à la surface du PEHD. Nous constatons que l'intensité de la bande d'absorption de ce groupe est plus importante dans le cas de l'échantillon non vieilli, par rapport à ceux ayant subi un vieillissement.

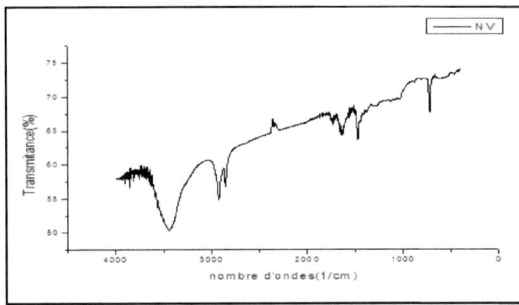

Fig.II.32 : Spectre IRTF de l'échantillon non vieilli.

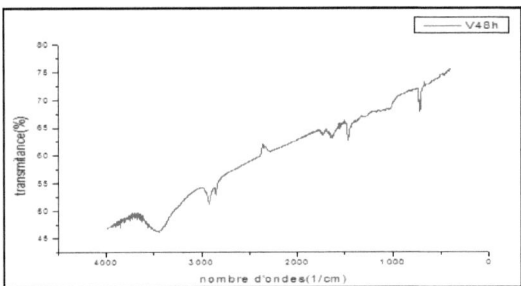

Fig.II.33 : Spectre IRTF de l'échantillon vieilli 48h.

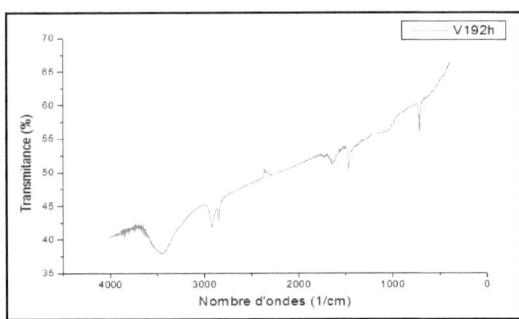

Fig.II.34 : Spectre IRTF de l'échantillon vieilli 192h.

Programme expérimentale et premières observations

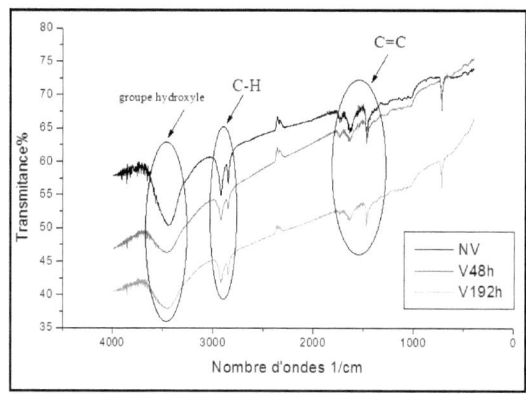

Fig.II.35 : Superposition des spectres IRTF des échantillons (NV, V48h, V192h).

II.3.3.4 Analyse Microstructurale par DSC:

Les cinq matériaux étudiés ont été caractérisés par analyse calorimétrique différentielle (DSC), au refroidissement, entre $-55°C$ et $160°C$, à $10°C/min$.

La température de fusion et le taux de cristallinité pour les différents échantillons vieillis obtenus par la DSC sont montrés dans les figures (II.36 et II.37). Nous remarquons une augmentation du taux de cristallinité en fonction du temps de maintien et la stabilisation survient après 144h (tableau 2).

Tableau 2 : Température de fusion et taux de cristallinité pour les différents échantillons obtenus par la DSC.

éprouvettes	vierge	vieilli 48h	vieilli 96h	vieilli 144h	vieilli 192h
ΔH (j/g)	131,6013	182,3488	200,1116	173,2895	171,2546
Pic de fusion	128,69 °C	130,15 °C	130,96 °C	130,75 °C	130,31 °C
Taux de cristallinité	45,37 %	62,87%	69,04 %	61,75	60,75%

Programme expérimentale et premières observations

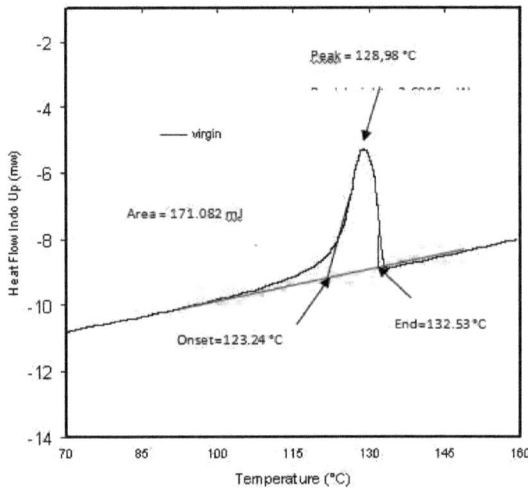

Fig.II.36: Courbe DSC pour l'échantillon vierge

La forme de pic de fusion dépend directement de temps de maintien (Fig. II.37). Pour l'échantillon vierge, nous constatons que la température de fusion est de l'ordre de128, 68 °C. Après le vieillissement thermique, nous remarquons une homogénéisation de la forme des pics. Et la température de fusion est aux environs de 130°C.

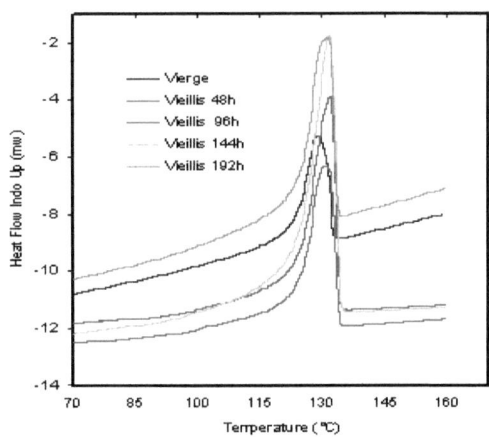

Fig. II.37: taux de cristallinité pour les différents échantillons obtenus par la DSC.

Programme expérimentale et premières observations

Fig. II.38 représente les effets du temps de maintien sur le taux de cristallinité, et les propriétés mécaniques (module de Young et limite d'élasticité).nous remarquons une augmentation de ces deux propriétés en fonction de l'augmentation de taux de cristallinité.

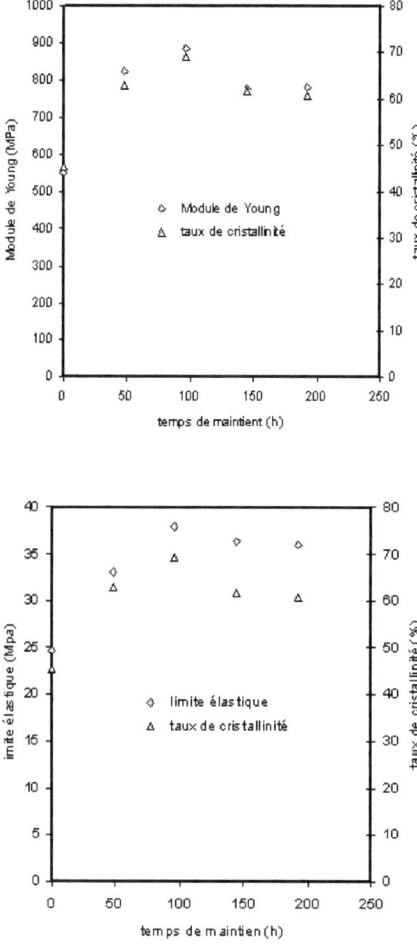

Fig.II.38. Influence du temps du maintient isotherme sur le module de Young, limite élastique et le taux de cristallinité.

Programme expérimentale et premières observations

II.3.3.5 Analyse Microstructurale par DMA:

L'analyse des propriétés viscoélastiques permet de caractériser les phénomènes de relaxation et donc les transitions qui leur sont associées en fonction des températures. Nous avons utilisé pour cela un rhéomètre. Les échantillons ont subit une torsion de faible amplitude (0,04% dans notre cas) pour rester dans le domaine des deformations viscoélastiques linéaires. L'enregistrement des composantes du couple en phase et en quadrature avec la déformation donne accès aux modules élastique en cisaillement E' et visqueux E'', respectivement, ainsi que l'angle de perte.

La figure II.39 représente l'évolution du comportement de chacun des deux matériaux (vierge et vieillis) à une fréquence de 1 Hz Dans la gamme de température considérée, lors de mesure du tangente δ en fonction de la température, on observe deux processus de relaxation, caractérisés par de pics dissipatif γ, relies aux relaxations principales et secondaires de la phase amorphe et un autre pic de relaxation β qui se trouve pas au niveau du matériau vieillis.

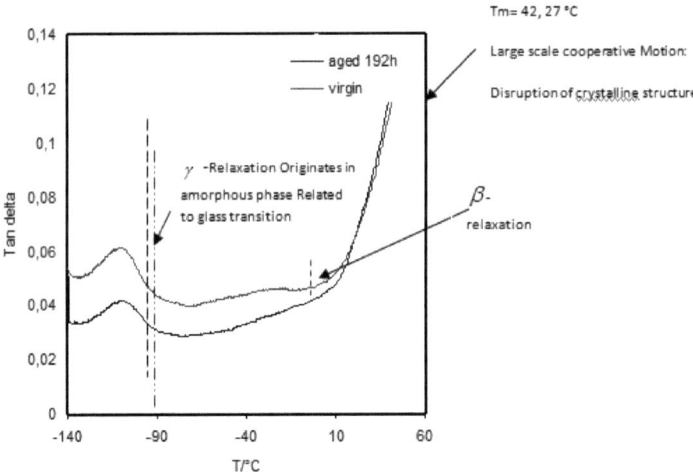

Fig II.39 : Evolution de tangente delta en fonction de la température

La température de relaxation principale Tg est de −110,107 °C pour le PE100 vierge, -109,166 °C pour le PE100 vieillis à 192h (**L'augmentation de la cristallinité élève la température de la transition vitreuse**). Les deux polymères sont donc peu différents en terme de températures de transitions. Par contre, le polymère vierge présente un module élastique supérieur au polymère vieilli Figure II.40.

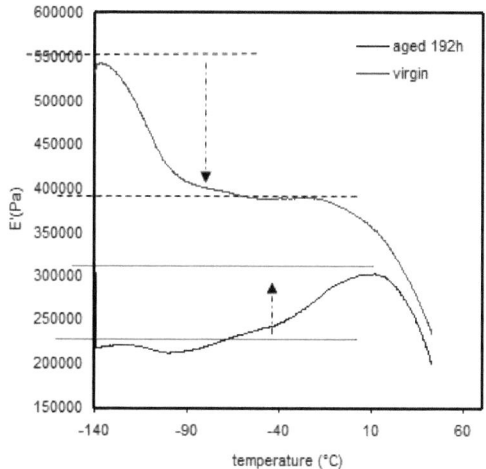

Fig.II.40 : évolution de E' en fonction de la température

Plus important aussi est la chute du module élastique du matériau vierge de près de 40 % de sa valeur entre 10 et 25°C (Fig. II.40), par contre y'a une augmentation de près de 10% de sa valeur pour le matériau vieillis ce qui explique l'absence de relaxation β.

Enfin, le module visqueux du PE 100 vieillis semble plus faible que celui du PE 100 vierge, particulièrement en dessous de 0°C, laissant supposer que le caractère viscoélastique est un peu moins marque pour celui-ci (figure II.41).

Programme expérimentale et premières observations

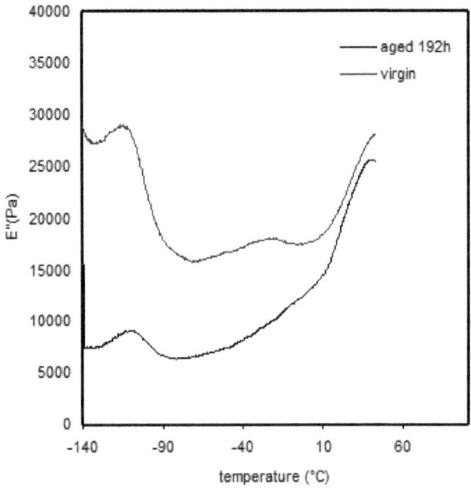

Fig. II.41 : évolution de E'' en fonction de la température

II.4 Conclusion

Comme nous l'avons souligné précédemment, différents modes de déformation peuvent coexister et se développer au sein d'un polymère semi cristallin sous sollicitation mécanique. Ces processus de déformation débouchent rapidement lors de la traction sur une localisation macroscopique (striction). La recherche d'une loi de comportement intrinsèque caractérisant le comportement doit donc tenir compte de ce phénomène important, et faire appel à une évaluation des champs de déformation locaux. C'est ce qui explique notre choix de morphologie particulière de la partie utile : rayons de raccordement assez grands, volume utile de 6x6x6 mm^3. La déformation se localise dès le début de l'essai dans ce volume complètement recouvert par les 04 taches. La technique de vidéotraction mise en œuvre dans cette étude, donne accès au comportement vrai et à la variation de volume jusqu'aux très grandes déformations.

Les essais de vidéotraction ont parfaitement démontré que dans le cas d'un polymère semi-cristallin (PEHD), Le temps de maintien à une température comprise entre celle de fusion et celle de transition vitreuse (Tf > T > Tv), provoque l'augmentation de la contrainte au seuil d'écoulement, la contrainte à la rupture et le module de Young.

Programme expérimentale et premières observations

L'analyse par diffraction des rayons X, a mis en évidence le phénomène de postcristallisation, par révélation de l'accroissement de la cristallinité des échantillons vieillis.

Par ailleurs, afin de déterminer l'origine du processus de postcristallisation, l'analyse par spectroscopie infrarouge a été effectué et a démontré que cette dernière n'est due qu'au changement de la morphologie structurale.

L'analyse mécanique dynamique (DMA), avec détermination de E', E'' et $\tan \delta$, a été réalisée, entre -140°C et 60°C à 2°C/min, à la fréquence de 1Hz, avec une déformation de 0,04%. Sur le spectre de DMA des éprouvettes vieillis et vierge. Les analyses ont permis de montrer les différentes relaxations caractéristiques de PE100 vierge et vieillis. Ainsi nous avons constaté que la température de relaxation principale Tg est de –110,107 °C pour le PE100 vierge, -109,166 °C pour le PE100 vieillis à 192h car augmentation de la cristallinité élève la température de la transition vitreuse.

En fin, Nous avons pu aussi effectuer des corrélations entre les essais de vidéo traction et la DSC, nous avons constaté que l'évolution des propriétés mécaniques de PE 100 (module de Young et limite d'élasticité) est proportionnelle avec l'augmentation de taux du cristallinité.

Chapitre III

Modélisation du comportement mécanique du Polyéthylène à Haute Densité- Approche DNLR

Introduction

L'objectif de ce chapitre est de présenter les fondements de l'approche DNLR (Distribution of Non Linear Relaxations) développée par Cunat et basée sur la Thermodynamique des Processus Irréversibles (TPI) à l'échelle du Volume Elémentaire Représentatif (VER). Cette approche repose sur une généralisation de la relation de Gibbs au cas où l'équilibre local est rompu. Elle se définit comme une extension des concepts initialement introduits par De Donder: la dissipation locale peut être considérée physiquement comme le résultat de réorganisations internes assimilables à des réactions chimiques mal définies (stoechiométries inconnues) ; ces processus sont alors caractérisés par leurs degrés d'avancement et leurs affinités. L'idée est d'en réaliser une description modale y compris en présence de non-linéarités.

L'originalité de cette approche réside d'une part dans l'exploitation des propriétés des variables internes dans le domaine linéaire, où un changement de base approprié permet de découpler ces variables, et d'autre part dans l'extension de la théorie des fluctuations pour en caractériser la distribution. Une manipulation mathématique permet, dans un dernier temps, de substituer aux variables internes, difficiles à appréhender, des écarts à l'équilibre de la variable étudiée afin de proposer une formulation pratique des lois constitutives.

Ce travail de modélisation s'est appuyé, sur les développements et les apports d'autres études, dans notre cas, nous avons introduit les effets de l'endommagement ainsi que le vieillissement thermique.

III.1 Mise en œuvre numérique des lois de comportement issues d'une analyse modale de la dissipation

III.1.1 Introduction

L'outil de base utilisé ici repose sur la thermodynamique de la relaxation des milieux continus. Il a été développé au sein de l'équipe de recherche de mécanique des solides du LEMTA [5-9].

Modélisation thermodynamique- approche DNLR

On admet que le comportement local au sein d'un volume élémentaire représentatif (VER) est déterminé par un potentiel thermodynamique $\psi(\gamma;\bar{z})$, qui contient toute l'information sur le système : l'existence d'un tel potentiel, y compris en dehors de l'équilibre, est le postulat principal de ce travail. Il trouve ces fondements dans l'analyse thermodynamique lors de déroulement de la réaction chimique de De Donder [11]. γ représente le vecteur des variables d'état « accessibles » à l'expérimentateur pour contrôler le système. Localement ce vecteur s'identifie aux conditions aux limites imposées sur le VER. $\bar{z}$, le vecteur des variables internes qui gouvernent l'avancement des évolutions microstructurales. Une telle hypothèse constitue, en fait, comme le souligne Meïxner [97], une double généralisation de la relation fondamentale de GIBBS en ce sens qu'elle généralise cette relation à la fois aux systèmes ouverts et aux systèmes qui sont le siège de la réaction chimiques en cours De Dender [11].

Pour traiter le milieu continu, on accepte cette définition locale du potentiel thermodynamique. La prise en compte des échanges entre différents VER permet de construire une théorie des champs qui trouve probablement sa limite lorsque les gradients locaux sur les grandeurs intensives deviennent trop importants pour pouvoir considérer que le volume élémentaire est bien représenté par une grandeur intensive moyenne.

La difficulté essentielle réside dans la définition et la représentation des variables dissipatives $\bar{z}$ caractéristiques de l'état microstructural. Pour contourner cette difficulté, Cunat propose de recourir à la théorie statistique des fluctuations selon laquelle tout état hors équilibre peut être décrit comme une fluctuation par rapport à l'équilibre induit par les conditions aux limites imposées au V.E.R. . Selon Prigogine [96] la production d'entropie est la même quel que soit le mode de régression emprunté par le système lorsque l'on reste au voisinage de l'équilibre. La notion de modes normaux permet de traiter l'évolution complexe de mécanismes couplés au moyen de combinaisons de mécanismes indépendantes les unes des autres.

En effet, au voisinage de l'équilibre, la thermodynamique des processus irréversible linéaires est applicable. Meïxner [97] a montré que, dans ces conditions, il était toujours possible de choisir un changement de base des variables dissipatives qui découple les processus entre eux (de manière comparable à l'analyse modale). Prigogine a alors montré que la théorie des fluctuations permet d'obtenir la distribution initiale du spectre des temps de relaxation qui lie un processus (ou mode) et le temps de relaxation qui lui est associé. Alors la connaissance d'un seul temps de

Modélisation thermodynamique- approche DNLR

relaxation (paramètre du modèle) permet de caractériser une distribution continue dés que l'on fixe son étendue sur l'échelle des temps (ou des énergies d'activation). Dans ces conditions les cinétiques sont gouvernées par des équations différentielles de premier ordre et caractérisées par leurs temps de relaxation.

Nous nous limitons dans ce chapitre au principe DNLR (Distribution of Non Lineair Relaxation) qui s'appuie sur la relation fondamentale de GIBBS. La philosophie et la démarche qui ont conduit Cunat à élaborer ce modèle de comportement ont fait l'objet de plusieurs publications et travaux parmi lesquels nous citons : Loukil M [100], Arieby R [103], Marceron P [106] et M'rabet K [107].

III.1.2 Equations constitutives du modèle D.N.L.R

L'idée qui prévaut au formalisme D.N.L.R. consiste à étendre les concepts usuels de thermodynamique aux situations de non équilibre. On admet que la relation de GIBBS généralisée conserve son statut de fonction potentielle et qu'elle contient toute l'information. Elle exprime notamment l'équivalence des trois formes d'énergie interne U : l'énergie thermique Ts, l'énergie mécanique de déformation σe et l'énergie chimique $\mu_k \eta_k$.

Le point de départ est l'écriture de l'énergie interne comme un potentiel de GIBBS.

$$U = U(S, e, \eta_k) \qquad (III.1)$$

Soit

$$U = Ts + \sigma e + \sum_k \mu_k \eta_k \qquad (III.2)$$

Avec U l'énergie interne spécifique ; T la température ; s l'entropie spécifique ; σ la contrainte ; e la déformation, μ_k le potentiel chimique et η_k le nombre de moles des espèces en présence.

En terme de vitesse, l'évolution du potentiel pour un milieu uniforme hors équilibre est décrite de la façon suivante :

$$\dot{U} = T\dot{s} + \sigma\dot{e} + \sum_k \mu_k \dot{\eta}_k \qquad (III.3)$$

Modélisation thermodynamique- approche DNLR

Cette relation de Gibbs généralisée est complétée par la relation de Gibbs – Duhem, décrivant les variations sous – jacentes des forces thermodynamiques :

$$0 = s\dot{T} + \sigma \dot{e} + \sum_k \mu_k \dot{\eta}_k \qquad (III.4)$$

La simplicité de l'approche DNLR consiste à admettre que la relation $u = u(s,\underline{e},\underline{n})$ reste valable en dehors de l'équilibre et conserve son statut de véritable potentiel thermodynamique.

Dans un certain sens, avec des arguments distincts, cette formulation rejoint la thermodynamique dite rationnelle de Truesdell : l'entropie reste une fonction potentielle y compris dans les situations hors équilibre. Ce sont les variables internes représentatives de la microstructure qui s'auto-adaptent pour minimiser à chaque échelle de temps le potentiel thermodynamique associé aux variables contrôlées. Les variables contrôlées correspondent aux conditions aux limites du VER homogénéisé. C'est la dynamique des variables internes qui induit une irréversibilité d'origine dissipative dans les milieux uniformes sans qu'il soit nécessaire d'y adjoindre un pseudo-potentiel des vitesses de type Rayleigh.

III.1.2.1 Equation de conservation des espèces

L'évolution du nombre de moles d'atomes $\underline{n}$ est régie par les échanges avec l'extérieur $\underline{\dot{n}}_e$ et par les réactions à l'intérieur du système $\underline{\dot{n}}_i$.

$$\underline{\dot{n}} = \underline{\dot{n}}_e + \underline{\dot{n}}_i \qquad (III.5)$$

L'équation d'évolution précédente peut encore s'écrire :

$$\underline{\dot{n}} = -\nabla J_{\underline{n}} + \Pi_{\underline{n}} \qquad (III.6)$$

Où $J_{\underline{n}}$ et $\Pi_{\underline{n}}$ correspondent respectivement au flux de diffusion et au taux de production interne ; le taux de constituant échangé avec l'extérieur correspondant ainsi à :

$$\underline{\dot{n}}_e = -\nabla J_{\underline{n}} \qquad (III.7)$$

D'une approche thermodynamique apparemment réservée au traitement de milieux chimiques réactifs, on glisse alors vers une approche plus générale des phénomènes irréversibles en pensant le taux de production interne du constituant comme étant lié aux variables internes $\bar{z}$ (ou variables cachées) qui régissent l'avancement d'évolutions (ou réactions) irréversibles [11]. On admet que toute réorganisation interne peut être décrite par ces variables cachées [7] : elles peuvent représenter aussi bien le degré d'avancement d'une réaction chimique que les taux de dissociation ou les composantes des mouvements moléculaires massifs tels que montées de dislocations lorsqu'on s'intéresse à la plasticité par exemple.

Si N réactions ont lieu dans le système :

$$\underline{n}_i = \Pi_{\underline{n}} = \sum_{k=1}^{N} \underline{\nu}_k \overset{.}{\bar{z}}^k = \underline{\bar{\nu}}\overset{.}{\bar{z}} \qquad \text{(III.8)}$$

Où le coefficient de proportionnalité ν est appelé coefficient stoechiométrique. L'évolution du nombre de moles de particules $\underline{n}$ s'écrit donc finalement :

$$\overset{.}{\underline{n}} = -\nabla J_{\underline{n}} + \underline{\bar{\nu}}\overset{.}{\bar{z}} \qquad \text{(III.9)}$$

III.1.2.2 Deuxième extension de la loi fondamentale de Gibbs (réactions chimiques)

La combinaison des relations (III.2) et (III.9) conduit à une nouvelle écriture de la relation de Gibbs :

$$\overset{.}{u} = T\overset{.}{s} + \underline{\underline{\sigma}} : \underline{\overset{.}{\varepsilon}} - \underline{\mu}\nabla J_{\underline{n}} + \underline{\mu}\underline{\bar{\nu}}\overset{.}{\bar{z}} \qquad \text{(III.10)}$$

Conformément à l'écriture de De Donder [11], on définit le concept d'affinité $\bar{A}$ associé à $\bar{z}$ par :

$$\bar{A} = -\underline{\mu}\underline{\bar{\nu}} \qquad \text{(III.11)}$$

On retombe ainsi sur la deuxième extension de Gibbs qui s'applique aux systèmes en cours d'évolution :

$$\overset{.}{u} = T\overset{.}{s} + \underline{\underline{\sigma}} : \underline{\overset{.}{\varepsilon}} - \underline{\mu}\nabla J_{\underline{n}} - \bar{A}\overset{.}{\bar{z}} \qquad \text{(III.12)}$$

III.1.2.3 Thermodynamique à variables internes

Pour un système fermé, $\dot{\eta}_k$ traduit les réorganisations internes (pas d'échange de matière avec l'extérieur). L'utilisation de l'avancement de De Donder[11] permet d'écrire:

$$\dot{\eta}_k = \sum_l v_k^l \dot{z}^l \qquad \text{(III.13)}$$

Ou v_k^l représente le coefficient de stoechiométrie de l'élément k dans la réaction interne l. on obtient ainsi :

$$\dot{u} = T\dot{s} + \sigma \dot{e} + \sum_l \left(\sum_k \mu_k v_k^l \right) \dot{z}_l \qquad \text{(III.14)}$$

Soit

$$\dot{u} = T\dot{s} + \sigma \dot{e} - \sum_l A^l \dot{z}^l \qquad \text{(III.15)}$$

Avec

$$A^l = -\sum_l \mu_k v_k^l \qquad \text{(III.16)}$$

L'affinité ou force de non équilibre interne de De Donder pour la réaction l.

Cette force généralisée que représente l'affinité, on associé les variables internes (duales) notées $z = z^1 \ldots\ldots\ldots z^n$. On peut donc réécrire la relation de GIBBS de la façon suivante :

$$\dot{U} = T\dot{s} + \underline{\underline{\sigma}} : \underline{\dot{e}} + \underline{\mu}.\underline{v}.\overline{\dot{z}} \qquad \text{(III.17)}$$

$$\dot{U} = T\dot{s} + \underline{\underline{\sigma}} : \underline{\dot{e}} - \overline{A}.\dot{z} \qquad \text{(III.18)}$$

Pour un VER uniforme, l'énergie interne s'exprime en fonction des variables d'état d'origine thermique et mécanique et des variables internes d'origine microstructurale, nous adopterons l'écriture suivante:

Modélisation thermodynamique - approche DNLR

$$U = U(s, \underline{e}, \overline{\underline{z}}) = U(\underline{y}, \overline{\underline{z}}) \qquad \text{(III.19)}$$

On peut écrire donc la relation de GIBBS sous forme plus condensée :

$$\dot{U} = \underline{Y} . \dot{\underline{y}} \qquad \text{(III.20)}$$

Avec $\underline{Y} = \dfrac{\partial U}{\partial \underline{y}} = (T, \underline{\sigma}, \overline{A})$ qui représente la force généralisée conjuguée à $\underline{y} = (s, \underline{e}, \overline{\underline{z}})$, le vecteur devariables extensives. L'affinité $\underline{A} = -\dfrac{\partial U}{\partial \overline{\underline{z}}}$ est donc la force thermodynamique associée aux variables internes indépendantes $\overline{\underline{z}}$. Le principe variationnel qui prévaut à la deuxième loi de la thermodynamique induit naturellement un retour du système vers son état d'équilibre.

Dans le cadre de cette approche, toutes les transformations irréversibles se conçoivent comme des réactions chimiques caractérisées par les variables $\overline{\underline{z}}$, dont la signification physique peut correspondre, par exemple, à des concentrations ou densités de défauts, de microfissures, etc…. sans qu'il soient nécessairement possible de les mesurer par des observations directes. Par conséquent, elles ne seront pas définies explicitement en général.

La description précédente utilisant l'énergie interne en tant que potentiel généralisé, correspond uniquement à un jeu de grandeurs extensives comme variables de contrôle. Or dans la pratique, et selon les conditions expérimentales, ceci est rarement possible. Il se trouve que l'on utilise souvent d'autres jeux de variables de commande. En effet, il est plus commode de maîtriser, par exemple, la température que l'entropie. Il faut donc choisir un potentiel thermodynamique ψ correspondant aux conditions expérimentales si l'on souhaite d'écrire aisément le système sous sollicitation. Ce potentiel adéquat peut être obtenu par transformée de LEGENDRE de l'énergie interne, ou même d'un autre potentiel.

D'une manière générale, pour caractériser le comportement local du VER, on considère le nouveau potentiel $\psi = \psi(\underline{\gamma}, \overline{\underline{z}})$, ou $\underline{\gamma}$ représente l'ensemble des variables d'état de commande ou de contrôle indépendantes, quelles soient intensives ou extensives, variables séparée des $\overline{\underline{z}}$ correspondant a l'ensembles des variables dissipatives indépendantes appelées également variables internes. La variation de ce potentiel adapté aux conditions expérimentales s'écrit :

Modélisation thermodynamique- approche DNLR

$$d\psi_k = \sum_{m=1}^{q} \beta_m d\gamma_m - \sum_{j=1}^{p} A^j dz^j \qquad \text{(III.21)}$$

Où, q et p sont les dimensions respectives de grandeurs généralisées $\underline{\gamma}$ et $\overline{z}$.

Les variables β_m et γ_m représentent respectivement les variables observables et les perturbations du système, on a donc :

$$\{\beta/\gamma\} \equiv \{T/s\,;\sigma/\varepsilon\}\,ou\,\{s/T\,;\sigma/\varepsilon\}\,ou\,\{T/s\,;\varepsilon/\sigma\}\,ou\,\{s/T\,;\varepsilon/\sigma\}$$

Ces variables observables ainsi que les affinités sont définies comme les dérivées premières du potentiel généralisé par rapport aux variables de contrôle et aux degrés d'avancement respectivement. Elles s'écrivent :

$$\beta_m(\gamma_n, z^j) = \frac{\partial \psi_k(\gamma_n, z^j)}{\partial \gamma_m} \qquad \text{(III.22)}$$

$$A^j(\gamma_m, z^j) = \frac{\partial \psi_k(\gamma_n, z^j)}{\partial z^j} \qquad \text{(III.23)}$$

III.2 Lois d'états

Les lois d'état qui traduisent les réponses d'un système à diverses sollicitations, relient entre elles les variables duales, que la nature se charge d'optimiser selon le deuxième principe de la thermodynamique. Dans la démarche classique, qui consiste a introduire un formalisme complémentaire de façon à pouvoir d'écrire les processus dissipatifs, en particulier l'évolution des variables internes, on admet l'existence d'un pseudo potentiel de dissipation respectant la seconde loi de la thermodynamique, c'est-à-dire la positivité de la dissipation (inégalité de CLAUSIUS - DUHEM). En introduisant ensuite la règle de normalité, condition suffisante au respect de second principe, on définit l'évolution des variables internes dans la normale au potentiel de dissipation. On a classiquement, dans le cas d'un matériau standard [Lem 85], $\underline{\underline{\varepsilon}}^p = \frac{\partial \varphi^*}{\partial \underline{\underline{\sigma}}}$, avec φ^* potentiel de dissipation et $\underline{\underline{\varepsilon}}^p$ tenseur des déformations plastiques.

Dans le cadre de D.N.L.R., l'approche est différente. On introduit directement les informations de nature cinétique dans la relation de GIBBS généralisée et donc dans le potentiel thermodynamique, ainsi que l'autorise le formalisme de De Donder. On admet ensuite une évolution des variables internes gouvernée par une cinétique pouvant être non linéaire.

L'équilibre thermodynamique est alors uniquement fixé par les variables de contrôle $\underline{\gamma}$ qui déterminent ainsi le vecteur $\overline{z}^r$ représentatif de la microstructure. Le jeu des variables $\overline{A}$ (les affinités ou forces de non équilibre) associés à $\overline{z}$ (degrés d'avancement des réorganisations internes) prend une valeur nulle à l'équilibre interne complet (ou vrai). Le produit scalaire $\overline{A}.\overline{z}$ définit le terme énergétique associé à la production d'entropie induite par la dissipation:

$$T\frac{d_i S}{dt} = \sum_{j=1}^{q=\dim(\overline{z})} A^j \frac{dz^j}{dt} = \overline{A}.\overline{z} \geq 0 \qquad (III.24)$$

Où T est la température, S l'entropie du système, A^j et z^j sont respectivement les composantes des vecteurs $\overline{A}$ et $\overline{z}$.

Les relations (III.22) et (III.23) établissent la dépendance des variables observables avec les perturbations $\beta = \beta(\underline{\gamma}, \overline{z})$ et permettent d'écrire les lois d'état sous la forme différentielle traduisant la réponse d'un système à diverses sollicitations:

$$d\beta_m(\gamma_n, z^j) = \sum_{n=1}^{q} \frac{\partial^2 \psi_k(\gamma_n, z^j)}{\partial \gamma_m \partial \gamma_n} d\gamma_n + \sum_{j=1}^{p} \frac{\partial^2 \psi_k(\gamma_n, z^j)}{\partial \gamma_m \partial z^j} dz^j \qquad (III.25)$$

$$dA^j(\gamma_m, z^j) = -\sum_{n=1}^{q} \frac{\partial^2 \psi_k(\gamma_n, z^j)}{\partial z^j \partial \gamma_n} d\gamma_n - \sum_{j=1}^{p} \frac{\partial^2 \psi_k(\gamma_m, z^j)}{\partial \gamma z^j \partial z^j} dz^j \qquad (III.26)$$

D'où, sous la forme matricielle:

$$\underline{\beta} = \underline{\underline{a}}^u . \underline{\gamma} + \underline{\underline{b}}.\overline{z} \qquad (III.27)$$

$$\overline{A} = -\underline{\underline{b}}^t . \underline{\gamma} - \underline{\underline{g}}.\overline{z}$$

Modélisation thermodynamique- approche DNLR

Avec :

$$\underline{\underline{a}}^u = \frac{\partial^2 \psi}{\partial \underline{\gamma} \partial \underline{\gamma}}(\underline{\gamma};\overline{\underline{z}})$$ (III.28)

$$\underline{\overline{b}} = \frac{\partial^2 \psi}{\partial \underline{\gamma} \partial \overline{\underline{z}}}(\underline{\gamma};\overline{\underline{z}})$$ (III.29)

$$\overline{\overline{\underline{g}}} = \frac{\partial^2 \psi}{\partial \overline{\underline{z}} \partial \overline{\underline{z}}}(\underline{\gamma};\overline{\underline{z}})$$ (III.30)

$\underline{\underline{a}}^u$, $\underline{\overline{b}}$ et $\overline{\overline{\underline{g}}}$ sont les matrices de couplage. $\underline{\underline{a}}^u$ est la matrice instantanée carrée de TISZA pour un système non relaxé, $\underline{\overline{b}}$ désigne la matrice mixte de couplage (matrice rectangulaire), elle couple les variables d'états (contrôlables $\underline{\gamma}$) et les variables dissipatives liée à la microstructure $\overline{\underline{z}}$. $\overline{\overline{\underline{g}}}$ est la matrice de dissipation pure traduisant le couplage entres les variables internes, elle est carrée et positive.

Les deux relations constitutives incrémentales (III.27) peuvent s'écrire de manière synthétique comme suit :

$$\begin{pmatrix} \underline{\beta} \\ -\overline{\underline{A}} \end{pmatrix} = \begin{pmatrix} \underline{\underline{a}}^u & \underline{\overline{b}} \\ \underline{\overline{b}}^T & \overline{\overline{\underline{g}}} \end{pmatrix} \begin{pmatrix} \underline{\gamma} \\ \overline{\underline{z}} \end{pmatrix}$$ (III.31)

Cette écriture matricielle très générale englobe les divers couplages rencontrés en physique. Le vecteur réponse peut être décomposé en deux catégories :

Les réponses $\underline{\beta}$ (observables par l'expérimentateur) mesurées et les réponses cachées $\overline{\underline{A}}$ (affinité ou force thermodynamique de non équilibre) qui sont nulles à l'équilibre comme à l'état relaxé.

Ces réponses sont induites par deux types de perturbation : les commandes maîtrisées par l'expérimentateur $\dot{\gamma}$ et les variables gérées par le « milieu ». En général, les termes de la dissipation ne sont pas connus. Pour décrire le voisinage de l'équilibre, on peut admettre que les coefficients des matrices de couplages sont des constantes. Cela constitue le cadre de la thermodynamique des phénomènes irréversibles linéaires (TPIL).

III.3 Evolution des variables dissipatives. Hypothèses de la TPI

Il s'agit maintenant de caractériser la partie dissipative de la réponse, $\overline{\underline{b}}.\overline{z}$ et $\overline{\overline{g}}.\overline{z}$. Le point de départ sera la thermodynamique des processus irréversibles dans le domaine linéaire, c'est-à-dire au voisinage de l'équilibre. Par la suite, le champ d'application sera élargi au cadre non linéaire.

III.3.1 Hypothèse de linéarité thermodynamique

Admettons donc comme hypothèse simplificatrice que les coefficients des matrices $\overline{\underline{b}}$ et $\overline{\overline{g}}$ soient des constantes, on obtient par intégration de (III.31) :

$$\overline{A}(t) - \overline{A}(0) = \int_0^t \overline{A} dt = -\overline{\underline{b}}^T \int_0^t \underline{\gamma} dt - \overline{\overline{g}} \int_0^t \overline{z} dt \qquad (\text{III.32})$$

Lorsque le système est initialement en équilibre interne, l'affinité est nulle par définition $\overline{A}(0) = 0$. On obtient alors:

$$\overline{A}(t) = -\overline{\underline{b}}^T \Delta\underline{\gamma} - \overline{\overline{g}}\Delta\overline{z} \qquad (\text{III.33})$$

Avec

$$\Delta\underline{\gamma} = \underline{\gamma}(t) - \underline{\gamma}(0) \qquad (\text{III.34})$$

Et

$$\Delta\overline{z} = \overline{z}(t) - \overline{z}(0) \qquad (\text{III.35})$$

Après relaxation complète ($t = \infty$), le système atteint un nouvel état d'équilibre thermodynamique caractérisé par $\overline{z}^{r,eq}$ et $\overline{A}^{eq} = 0$, soit :

Modélisation thermodynamique- approche DNLR

$$\overline{A}^r(t) = -\underline{b}^T \Delta\underline{\chi} - \overline{\overline{g}}\left(\overline{z}^r - \overline{z}(0)\right) = 0 \qquad \text{(III.36)}$$

$$\underline{b}^T \Delta\underline{\chi} = -\overline{\overline{g}}\left(\overline{z}^r - \overline{z}(0)\right) \qquad \text{(III.37)}$$

La relation (III.36) devient alors :

$$\overline{A}(t) = \overline{\overline{g}}\left(\overline{z}^r - \overline{z}(0)\right) - \overline{\overline{g}}\left(\overline{z}(t) - \overline{z}(0)\right) \qquad \text{(III.38)}$$

Soit :

$$\overline{A} = -\overline{\overline{g}}\left(\overline{z} - \overline{z}^r\right) \qquad \text{(III.39)}$$

Notons que la matrice $\overline{\overline{g}}$ est définie symétrique et positive en raison d'une part de la nature potentielle de ψ et d'autre part de la stabilité autour de l'équilibre.

III.3.2 Hypothèse de linéarité cinétique

C'est une hypothèse de nature cinétique qui postule l'existence d'une relation linéaire entre les forces et les flux:

$$\dot{\overline{z}} = \overline{\overline{L}}\overline{A} = -\overline{\overline{L}}\overline{\overline{g}}\left(\overline{z} - \overline{z}^r\right) \qquad \text{(III.40)}$$

$\overline{\overline{L}}$ est la matrice de couplage d'ONSAGER. C'est une matrice symétrique et définie positive. Le second principe de la thermodynamique impose que le terme énergétique associé à la production d'entropie induite par la dissipation soit positif ou nul d'où :

$$T\frac{d_i s}{dt} = \overline{A}\dot{\overline{z}} = \overline{\overline{g}}\left(\overline{z} - \overline{z}^r\right)\overline{\overline{Lg}}\left(\overline{z} - \overline{z}^r\right) \geq 0 \qquad \text{(III.41)}$$

Le terme ($\overline{\overline{Lg}}$) à la dimension inverse d'un opérateur temps de relaxation. Finalement le second principe impose simplement la positivité exclusive de ces temps caractéristiques.

Modélisation thermodynamique - approche DNLR

$$\overline{\overline{Lg}} = \overline{\overline{\tau}}^{-1} \succ 0 \qquad (III.42)$$

$$\overline{\dot{z}} = -\left(\overline{z} - \overline{z}^{r}\right)\overline{\overline{\tau}}^{-1} \qquad (III.43)$$

Avec ces hypothèses, les temps de relaxation peuvent donc dépendre des variables de commandes et des variables internes par le biais de $\overline{\overline{g}}$ et/ou de $\overline{\overline{L}}$, ce qui est en accord avec l'expérience. En effet, [104] a montré que lors d'une expérience de relaxation volumique isotherme, la vitesse de réorganisation interne (relaxation) dépend de l'écart à l'équilibre et donc des variables internes

III.3.3 Découplage de MEIXNER – Modes dissipatifs normaux

MEIXNER a montré qu'il est possible de diagonaliser à la fois $\overline{\overline{L}}$ et $\overline{\overline{g}}$ en sélectionnant une base appropriée de sorte que l'une des deux matrices soient isotropes tout en maintenant invariante la production d'entropie. Pour assurer la compatibilité avec la théorie de fluctuation, C. CUNAT retient une base dans laquelle $\overline{\overline{L}}$ est une matrice isotherme donnée par $L\overline{\overline{\delta}} = \left(\frac{1}{h}\right)\overline{\overline{\delta}}$, ou h est la constante de PLANCK et $\overline{\overline{\delta}}$ la matrice identité. La matrice des temps de relaxation $\overline{\overline{\tau}}$ sera donc choisie diagonale dans la nouvelle base [99] [100]. Ceci revient à mener une analyse modale dans l'espace des dissipations. Avec cette écriture dans la nouvelle base, on passe des mécanismes physico – chimiques élémentaires à des processus normaux (modes des dissipations) qui résultent d'une combinaison de ces mécanismes.

Cette démarche est similaire à la description du mouvement d'une structure en régime vibratoire, par la superposition de modes propres. Dans le cadre du DNLR, le comportement dissipatif du VER peut également être décrit par une superposition des différents modes dissipatifs normaux, chaque mode correspondant à une description partielle de l'ensemble du système. La réponse globale obtenue résulte de la superposition des modes j de dissipation.

Les relations (III.42) et (III.43) peuvent être écrites pour chaque mode j comme suit :

$$A^{j} = -g^{jj}\left(z^{j} - z^{j,r}\right) \qquad (III.44)$$

Modélisation thermodynamique- approche DNLR

$$\overset{.}{z}{}^{j} = -\tau^{jj^{-1}}\left(z^{j} - z^{j,r}\right)$$

Avec $\tau^{j} = \tau^{jj} = \dfrac{1}{L^{jj} g^{jj}}$, équation de relaxation associée aux réorganisations des variables internes :

$$\overset{.}{z}{}^{j} = -\dfrac{\left(z^{j} - z^{j,r}\right)}{\tau^{j}} \qquad \text{(III.45)}$$

Ici, l'indice répété ne correspond pas à la convention de sommation d'EINSTEIN.

Notons que l'on peut également choisir directement une base modale selon le critère cinétique de [105], qui permet de poser la relation (III.44) sous la forme $\overset{.}{z}{}^{j} = L^{jj} A^{j}$ exprimant tout couplage cinétique au niveau de la base représentative des réactions.

III.3.4 Analyse des temps de relaxation

Nous venons de voir qu'on les plaçant dans une base modale, les équations constitutives peuvent être découplées; il apparaît autant de temps de relaxation que de variables internes indépendantes. Il nous reste donc à modéliser et à essayer de donner un sens physique (à l'échelle microscopique) à ces temps de relaxations.

Dans l'approche DNLR, on se réfère à la théorie de l'état transitoire activée, initiée par EYRING [6] [7]. Ainsi, tout réarrangement d'un groupe de particules peut être vue comme un état transitoire entre deux états, le système passant d'un état initial (équilibre métastable), u, à un état d'équilibre final, r, de plus faible énergie en traversant une suite continue d'état d'énergie intermédiaire. Comme ces deux états correspondent à deux minima d'énergie, on postule l'existence d'un maximum ou col d'activation qui correspond à un état d'équilibre instable. Autrement, pour qu'un atome puisse surmonter la barrière d'activation il faut que l'environnement configurationnel soit favorable (formation d'un défaut par exemple), et que la fréquence de saut ν permette à l'atome de basculer au niveau du col d'activation.

III.3.4.1 Temps de relaxation initial au voisinage de l'équilibre

Afin de modéliser les temps de relaxation définis de manière thermodynamique par les relations (III.46) et (III.47). C.CUNAT propose de faire appel selon EYRING à la mécanique statistique. Le temps de relaxation du mode j (noté τ^{j}) se réfère au

Modélisation thermodynamique- approche DNLR

temps caractéristique de passage d'un microétat initialement métastable (cinématiquement stable, thermodynamiquement instable) à un autre état métastable.

Dans le cadre de la théorie cinétique de l'état transitoire activé, le processus de relaxation d'un système microstructural particulier (atome, groupe d'atomes) passe par le franchissement d'une barrière énergétique (col d'activation ou état transitoire activé) (figure III.1). Deux conditions sont nécessaires pour qu'un saut puisse avoir lieu : le défaut doit être formé et l'agitation thermique doit fournir à l'atome l'énergie d'activation suffisante permettant de franchir le col d'activation.

Le temps de relaxation peut alors être défini comme proportionnel à l'inverse du produit de la probabilité P^{j+} d'obtenir localement une configuration favorable à ce mouvement élémentaire et à l'inverse de la fréquence de saut atomique v^j :

$$\tau^j = \frac{1}{v^j P^{j+}} \qquad (III.46)$$

Où v^j est la fréquence de saut du processus vers l'état final, et P^{j+} la probabilité de franchissement d'une barrière d'énergie permettant son déclenchement.

Dans le cadre de l'analyse modale, le sens physique des termes d'activation ne peut plus être directement liés aux mécanismes atomiques, puisqu'ils décrivent les modes relatifs à l'ensemble des atomes du V.E.R.; ainsi garder:

$$v^j = v = \frac{k_B T}{h} \qquad (III.47)$$

(Fréquence de phonon de Debye ou translation de Guggenheim)

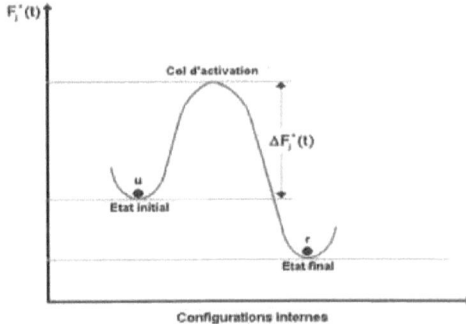

Fig. III.1 : Représentation schématique de la barrière énergétique à franchir pour passer de l'état initial à l'état relaxé

Modélisation thermodynamique- approche DNLR

Suivant la théorie de l'état transitoire activé, pour un système décrit par le potentiel d'énergie libre, la probabilité qu'un processus j acquiert le même niveau énergétique que le col est exprimée par

$$P^{j,+} = \exp\left(-\frac{\Delta F_j^+}{RT}\right) \qquad (III.48)$$

Où R est la constante des gaz parfait et ΔF_j^+ l'énergie libre d'activation caractérisant la barrière à franchir.

$\Delta F_j^+ = \Delta E^{j,+} - T\Delta S^{j,+}$: Énergie libre d'activation représentant la barrière à franchir pour toutes les particules du V.E.R. dans le mouvement d'ensemble associé au mode considéré.

On peut donc formuler l'expression du temps de relaxation en fonction de l'énergie libre d'activation et de la température T:

$$\tau^{j,r}(T) = \frac{h}{k_B T}\exp\left(\frac{\Delta F^{j,+}}{RT}\right) = \frac{h}{k_B T}\exp\left(\frac{\Delta E^{j+} - T\Delta S^{j+}}{RT}\right) \qquad (III.49)$$

Dans le cas anisotherme lorsque l'on admet un comportement de type arrénius avec la température T(t) dépendant du temps (t), on a :

$$\tau^{j,r}(T,t) = \frac{h}{k_B T(t)}\exp\left(\frac{\Delta F^{j,+}}{RT(t)}\right) = \frac{h}{k_B T(t)}\exp\left(\frac{\Delta E^{j+} - T(t)\Delta S^{j+}}{RT(t)}\right) \qquad (III.50)$$

III.3.4.2 Introduction des non linéarités

Lorsque les sollicitations appliquées au système sont très importantes, comme par exemple celles qui génèrent de grandes déformations sur un polymère, l'écart à l'équilibre est très important, et les hypothèses de linéarité thermodynamique et cinétique ne sont plus applicables. Dans ce cas la barrière que constitue l'énergie d'activation ΔF_j^+ est susceptible de dépendre du chargement, et donc du temps de sollicitation.

En admettant une dépendance de $\overline{\overline{L}}$ et/ou de $\overline{\overline{g}}$ avec l'écart à l'équilibre des variables internes $(\overline{z}-\overline{z}^r)$, l'opérateur des temps de relaxation ($\overline{\overline{Lg}} = \overline{\overline{\tau}}^{-1}$) devient lui-même dépendant de cet écart. On introduit ainsi une dépendance temporelle, c'est-à-dire en ($\bar{z}-\bar{z}^r$), du niveau de la barrière d'activation (figure III.2).

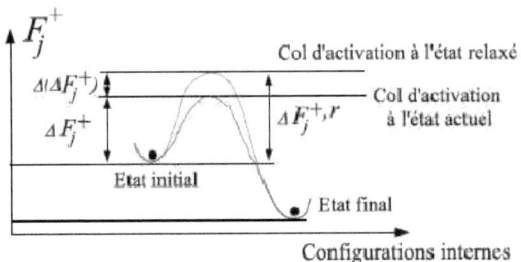

Fig.III.2 : Représentation schématique de la variation de barrière énergétique, associé au $j^{\text{ème}}$ processus, au cours de chargement

L'énergie libre d'activation nécessaire pour franchir la barrière d'activation est:

$$\Delta F_j^+(t) = \Delta F_j^{+,r}(t) + \Delta\left(\Delta F_j^+(t)\right) \qquad (\text{III.51})$$

Soit:

$$\tau_j = \frac{h}{k_B T}\exp\left(\frac{\Delta F_j^{+,r}}{RT}\right)\exp\left(\frac{\Delta\left(\Delta F_j^+(t)\right)}{RT}\right) \qquad (\text{III.52})$$

En posant par définition :

$$\tau^j(T,t) = a^j(T,t)\,\tau^{j,r} \qquad (\text{III.53})$$

$$a^j(t) = \exp\left(\frac{\Delta\left(\Delta F_j^+(t)\right)}{RT}\right) \qquad (\text{III.54})$$

$a^j(t)$ Représente le facteur de glissement du temps de relaxation induit par la non linéarité des processus dissipatifs.

Modélisation thermodynamique- approche DNLR

$\tau^{j,r}$ Représente le temps de relaxation de référence du processus j au voisinage immédiat de l'équilibre.

Comme pour l'énergie d'activation propre à chaque mode du VER, C. CUNAT [Cun85] admet un facteur de glissement identique pour tous les modes ($a^j(t) = a(t)$ $\forall j = 1........N$), et en conséquence $\Delta(\Delta F_j^+(t)) = \Delta(\Delta F^+(t))$. Il s'agit là d'une hypothèse de glissement coopératif.

Plus le système s'éloigne de l'état d'équilibre plus la non linéarité du comportement est importante. Cet écart peut être dépendant de la sollicitation (variable de contrôle) et peut être évalué par la différence par la différence entre les variables observables actuelles et à l'équilibre. On développe ensuite l'expression de cette écart à l'équilibre au premier ordre par:

$$\Delta(\Delta F^+(t)) = \underline{k}_B (\underline{B} - \underline{B}^r) \tag{III.55}$$

$\underline{k}_B$ Représente le facteur de non linéarité induit par l'écart à l'équilibre. Pour donner un sens physique à $\underline{k}_B$, on peut dire qu'il désigne un volume d'activation supposé gouverné par les réorganisations internes, lorsque B et B^r représentent des niveaux de contraintes.

En résumé, les développements et hypothèses précédents conduisent à l'expression des temps de relaxation pour les transformations hors d'équilibre:

$$\tau^j = \frac{h}{k_B T} \exp\left(\frac{\Delta F_j^{+,r}}{RT}\right) \exp\left(\frac{\underline{k}_B (\underline{B} - \underline{B}^r)}{RT}\right) \tag{III.56}$$

$$\tau^j = \tau_j^r \exp\left(\frac{\underline{k}_B (\underline{B} - \underline{B}^r)}{RT}\right) \tag{III.57}$$

$$\tau^j = \tau_j^r a(t) \tag{III.58}$$

Modélisation thermodynamique- approche DNLR

Avec dans le cas particulier correspondant au comportement linéaire : k_B=0, c'est-à-dire $a(t) = 1$.

III.3.4.3 Spectre des relaxations

Tous les processus de réorganisation interne n'ont pas la même probabilité d'occurrence. La mesure de la contribution relative d'un mode à la réponse globale est donnée par poids que Cunat définit à l'aide de l'écart type de la densité de probabilité associée à ce mode. Examinons ceci sur un exemple, où l'on considère une éprouvette uniaxiale initialement en équilibre stable. A t=0, on charge cette éprouvette à température constante (égale à la température ambiante) jusqu'à une déformation ε_0.

On suppose que le temps t_0 mis pour atteindre la déformation ε_0 est très petit devant l'ordre de grandeur du plus petit temps de relaxation du système, soit $t_0 \prec\prec \tau_{\min}$, de sorte que l'on puisse supposer que la microstructure reste figée de 0 à t_0. Si on admet dans un premier temps un seul processus de réorganisation interne associé au degré d'avancement z, nous avons :

$$z = z^0 = cons\tan te \qquad \text{Pour } t \in [0, t_0]$$

Au-delà de l'instant t_0, la microstructure évolue à déformation imposée ($d\varepsilon = 0$) afin que la valeur de z minimise le potentiel énergie libre de Helmholtz. Les évolutions schématiques de $\varepsilon(t)$ et $z(t)$ sont représentées sur la figure II.3.

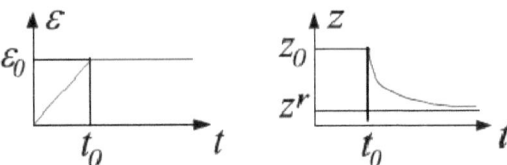

Fig. III.3 : Allure des évolutions de $\varepsilon(t)$ et $z(t)$ pour notre exemple

Ce retour à l'équilibre (état relaxé) peut être vu comme la régression spontanée d'une fluctuation d'entropie. Il se fait :

- Sans échange d'énergie mécanique avec l'extérieur car $d\varepsilon = 0$.

Modélisation thermodynamique- approche DNLR

- Sans échange d'énergie thermique avec l'extérieur car on a supposé que la température restait égale à la température ambiante.

III.3.4.4 Dépendance en température des temps de relaxation

Compte tenu de la forme établie pour décrire le temps de relaxation propre à chaque mode, un changement de température peut, à priori, modifier le découplage de ces processus. Pour trouver le principe d'équivalence temps – température, il est nécessaire d'admettre l'égalité $\Delta E^{j+} = \Delta E^{+}$ quel que soit le processus j. En d'autres termes, un changement de température produit un glissement d'ensemble du spectre de relaxation le long de l'échelle des temps sans déformation [7], [100]. Cette hypothèse implique que l'origine de la distribution des temps de relaxation soit de nature entropique. En conséquence la connaissance de l'entropie d'activation du processus le plus lent détermine à elle seule l'ensemble du spectre de relaxation.

III.3.4.5 Distribution des temps de relaxation

L'expérience montre la complexité des phénomènes de relaxation. Il est clair, depuis longtemps, qu'ils résultent d'une multiplicité de mécanismes élémentaires, descriptibles par un spectre, appelé spectre de retard ou de relaxation en rhéologie. En thermodynamique irréversible, on utilise indifféremment le vocable « spectre de relaxation ». Tous les processus de réorganisations internes n'ont pas la même probabilité d'occurrence, on introduit donc la notion de « poids » qui représente la contribution relative de chaque mode à la réponse globale, [7].

La difficulté principale est maintenant liée au nombre et à l'impact relatif de chacun de ces modes de réorganisations internes, non identifiable directement à partir des mécanismes élémentaires. En effet, chaque mode résulte de combinaison de mécanismes ; on peut lui associer au moins trois paramètres :

- Son poids relatif à l'écart global d'équilibre P_0^j,
- Son temps de relaxation au voisinage d'équilibre $\tau^{j,r}$
- Et le facteur de non linéarité évoqué précédemment K_B

Partant de ces considérations, Cunat propose une distribution initiale des processus de relaxation (spectre) basée sur la théorie de fluctuation de PRIGOGINE [96], laquelle montre que la moyenne de la production de l'entropie induite par une fluctuation globale est la même pour chaque processus j quel que soit le chemin de régression :

$$\frac{\partial \Delta_i s}{\partial \Delta z^j} \Delta z^j = -K_B \qquad (III.59)$$

Où $\partial \Delta_i s$ représente la création de l'entropie de relaxation qui s'obtient par intégration de sa production $\dot{S}_i = \frac{\overline{A.Z}}{T}$ pendant le retour à l'équilibre, avec l'hypothèse de linéarité qui conduit à la relation $\overline{A} = -\overline{\overline{g}}(\overline{z} - \overline{z}^r)$. La création d'entropie due au mode de fluctuation j au voisinage de l'équilibre s'écrit comme suit :

$$\Delta_i s^j = \int_0^t \dot{s}^j \, dt = \int_{z^u}^{z^r} \frac{A^j}{T} dz^j \qquad (III.60)$$

$$\Delta_i s^j = -\frac{g^{jj}}{2T}\left(\Delta z^j\right)^2 = -\frac{1}{2T} k_B \qquad (III.61)$$

Avec $\Delta z^j = \left(z^u - z^r\right)^j$.

On obtient donc :

$$\left(\Delta z^j\right)^2 = k_B g^{jj-1} = k_B L^{jj} L^{jj-1} g^{jj-1} = k_B L^{jj} \tau^{jj} \qquad (III.62)$$

Or avec le choix modal $L^{jj} = L$, on arrive à :

$$\left(\Delta z^j\right)^2 = k_B L \tau^{jj} \qquad (III.63)$$

Soit : $\left(z^u - z^r\right)^j = A\sqrt{\tau^j}$

En définissant le poids relatif à chaque mode dissipatif par :

Modélisation thermodynamique- approche DNLR

$$P_0^j = \frac{\Delta z^j}{\sum_{j=1}^{N}\Delta z^j} = \frac{(z^u - z^r)^j}{\sum_{j=1}^{N}(z^u - z^r)^j} \qquad (III.64)$$

La forme de spectre utilisé dans notre approche (figure III.4) est donnée par la relation :

$$P_0^j = B\sqrt{\tau^j} \quad \text{avec} \quad B = \frac{1}{\sum_{j=1}^{N}\sqrt{\tau^j}} \qquad (III.65)$$

Où B désigne une constante fixée par la condition de normation :

$$\sum_{j=1}^{N} P_0^j = 1 \qquad (III.66)$$

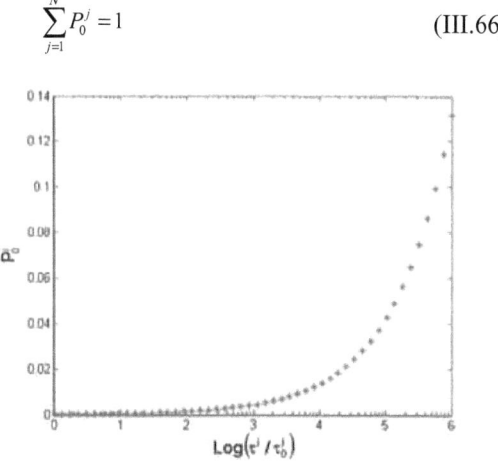

Fig.III.4 : Spectre DNLR des processus dissipatifs défini sur la base de 50 modes dissipatifs distribués sur 6 décades de l'échelle temporelle.

Ce spectre initial de relaxation, liant le poids d'un processus à son temps de relaxation, est indépendant du comportement mécanique du matériau et des sollicitations exercées. Par souci de simplicité, on admet en première approximation sa validité en dehors du domaine linéaire. Et, par commodité, la construction d'un spectre continu au voisinage de l'équilibre est définie par la discrétisation équirépartie sur l'échelle des énergies d'activation. Il est donc déterminé par deux paramètres: le temps du processus le plus long et la largeur du spectre.

Modélisation thermodynamique- approche DNLR

Il a été montré qu'une telle distribution représente une approximation très performante d'un spectre continu.

Ces poids relatifs à chaque processus permettent de caractériser les réponses instantanées et relaxées du matériau. Pour chaque mode, on aura la décomposition modale des variables de commande suivantes:

$$\left(a_{mn}^u \dot{\gamma}_n\right)_j = P_j^u \left(a_{mn}^u \dot{\gamma}_n\right)$$
$$\left(a_{mn}^r \dot{\gamma}_n\right)_j = P_j^r \left(a_{mn}^r \dot{\gamma}_n\right)$$
(III.67)

Ici P_j^u et P_j^r jouent le rôle d'opérateurs de localisation de $\dot{\gamma}$ dans l'espace des modes de dissipation. En pratique, nombres de simulations ont été conduites avec succès en utilisant l'approximation $P_r^j = P_u^j = P_0^j$. Ainsi lorsque l'on écrit $\underline{\dot{B}} = \sum \left(\dot{B}\right)_j$, on effectue une opération d'homogénéisation. La réponse globale du VER est alors obtenue en superposant les N réponses élémentaires, relatives à chaque mode.

III.4 Reformulation des équations constitutives de base

Les lois constitutives d'évolutions sont:

$$\underline{\dot{\beta}} = \underline{\underline{a}}^u . \underline{\dot{\gamma}} + \underline{\overline{b}} \, \underline{\dot{z}}$$
$$\overline{A} = -\underline{\overline{b}}^t . \underline{\dot{\gamma}} - \underline{\underline{g}}.\underline{\dot{z}}$$
(III.68)

Complétées par une loi cinétique, découlant des deux hypothèses thermodynamique et cinétique, permettant de décrire l'évolution des variables internes sur la base d'une analyse modale de dissipation :

$$\underline{\dot{z}} = -\underline{\underline{\tau}}^{-1} \left(\overline{z} - \overline{z}^r\right)$$
(III.69)

La dernière difficulté dans l'utilisation de ces lois est liée aux variables internes qui régissent la relaxation par l'intermédiaire de terme $\overline{b}\,\dot{\overline{z}}$.

Modélisation thermodynamique- approche DNLR

A l'état relaxé l'équation (III.68) s'écrit

$$\underline{\dot{\beta}}^r = \underline{\underline{a}}^u \cdot \dot{\gamma} + \underline{\bar{b}} \, \overline{\dot{z}}^r \qquad (III.70)$$

La différence entre les équations (III.68) et (III.70) donne une relation que l'on peut ensuite intégrer dans le temps :

$$\underline{\beta} - \underline{\beta}^r = \overline{b}\left(\overline{z} - \overline{z}^r\right) \qquad (III.71)$$

En comparant les équations (III.68) et (III.69) on trouve que :

$$\overline{b}\,\overline{\dot{z}} = -\overline{\overline{\tau}}^{-1}\left(\underline{\beta} - \underline{\beta}^r\right) \qquad (III.72)$$

En introduisant cette dernière relation dans l'équation (III.70), et compte tenu des modes dissipatifs choisis pour représenter l'évolution d'un milieu continu, on trouve finalement la loi constitutive d'évolution globale sous la forme d'une somme de réponses modales :

$$\begin{cases} \underline{\dot{\beta}} = \sum_{j=1}^{N} \underline{\dot{\beta}}^j = \sum_{j=1}^{N} \left(P_0^j \underline{\underline{a}}^u \cdot \dot{\gamma} - \frac{\underline{\beta}^j - \underline{\beta}^{j,r}}{a(t)\tau_j^r} \right) \\ \underline{\dot{\beta}}^{j,r} = P_0^j \underline{\underline{a}}^r \cdot \dot{\gamma} \\ \tau_j^r = \frac{h}{K_B T}\exp\left(\frac{\Delta F_j^{+,r}}{RT}\right) = \frac{h}{K_B T}\exp\left(\frac{\Delta E_j^{+,r} - T\Delta S_j^{+,r}}{RT}\right) \\ a(t) = \exp\left(\frac{\Delta\left(\Delta F_j^{\ddagger}(t)\right)}{RT}\right) = \exp\left(\frac{\underline{K}_B \cdot \left(\underline{\beta} - \underline{\beta}^r\right)}{RT}\right) \\ P_0^j = B\sqrt{\tau_j^r} \\ \text{avec } B = \dfrac{1}{\sum_{j=1}^{N}\sqrt{\tau_j^r}} \end{cases} \qquad (III.73)$$

Modélisation thermodynamique- approche DNLR

L'approche DNLR ainsi construite permet d'emblée la description de nombreux comportements rencontrés en physique. A titre d'exemple, le potentiel thermodynamique généralisé peut être donné par $\psi = \psi(T, \underline{\sigma}, \underline{E}, \underline{H}, \underline{n}.....)$, ou les variables de commande peuvent être la température T, le tenseur des contraintes $\underline{\sigma}$, le champ électrique $\underline{E}$, le champ magnétique $\underline{H}$ et le vecteur des concentrations de constituants chimiques $\underline{n}$. Les variables observables sont composées des variables duales respectives telles que le tenseur des déformations $\underline{\varepsilon}$, le vecteur de polarisation électrique $\underline{P}$, le vecteur de polarisation magnétique $\underline{M}$ et le vecteur des potentiels chimiques $\underline{u}$. La loi de comportement s'écrit alors sous la forme générale suivante [100][8].

$$\begin{bmatrix} \dot{S} \\ \dot{\underline{\varepsilon}} \\ \dot{\underline{P}} \\ \dot{\underline{M}} \\ \dot{\underline{\mu}} \\ . \\ . \end{bmatrix} = \begin{bmatrix} CT^{-1} & \underline{\alpha} & \underline{\Phi} & \underline{\varphi} & \underline{\mu}_T & \cdots \\ \underline{\alpha} & \underline{\underline{s}} & \underline{\underline{\gamma}} & \underline{\underline{\pi}} & \underline{\mu}_\sigma & \cdots \\ \underline{\phi} & \underline{\underline{\gamma}} & \underline{\underline{\kappa}} & \underline{\underline{\varsigma}} & \underline{\mu}_E & \cdots \\ \underline{\varphi} & \underline{\underline{\pi}} & \underline{\underline{\varsigma}} & \underline{\underline{\chi}} & \underline{\mu}_H & \cdots \\ \underline{\mu}_T & \underline{\mu}_\sigma & \underline{\mu}_E & \underline{\mu}_H & \underline{\mu}_n & \cdots \\ . & . & . & . & . \\ . & . & . & . & . \end{bmatrix} \begin{bmatrix} \dot{T} \\ \dot{\underline{\sigma}} \\ \dot{\underline{E}} \\ \dot{\underline{H}} \\ \dot{\underline{n}} \\ . \\ . \end{bmatrix} + \begin{bmatrix} (S-S^s)_1 & \cdots & (S-S^s)_j & \cdots & (S-S^s)_N \\ (\underline{\varepsilon}-\underline{\varepsilon}^s)_1 & \cdots & (\underline{\varepsilon}-\underline{\varepsilon}^s)_j & \cdots & (\underline{\varepsilon}-\underline{\varepsilon}^s)_N \\ (\underline{P}-\underline{P}^s)_1 & \cdots & (\underline{P}-\underline{P}^s)_j & \cdots & (\underline{P}-\underline{P}^s)_N \\ (\underline{M}-\underline{M}^s)_1 & \cdots & (\underline{M}-\underline{M}^s)_j & \cdots & (\underline{M}-\underline{M}^s)_N \\ (\underline{\mu}-\underline{\mu}^s)_1 & \cdots & (\underline{\mu}-\underline{\mu}^s)_j & \cdots & (\underline{\mu}-\underline{\mu}^s)_N \\ . & & . & & . \\ . & & . & & . \end{bmatrix} \begin{bmatrix} \frac{1}{\tau^1} \\ . \\ \frac{1}{\tau^j} \\ . \\ \frac{1}{\tau^N} \end{bmatrix}$$

$\underbrace{\qquad\qquad\qquad}_{\text{partie instantanée de la réponse}}$ $\underbrace{\qquad\qquad\qquad\qquad\qquad}_{\text{partie dissipative de la réponse}}$

Pour la cas d'une sollicitation purement mécanique à déformation imposée (comme dans un essai de traction simple), la variable observable correspond à la contrainte, $\beta \to \underline{\sigma}$, et la perturbation imposée considérée comme variable de contrôle est la déformation $\gamma \to \underline{\varepsilon}$. La loi de comportement s'explicite sous la forme suivante:

$$\dot{\underline{\sigma}} = \sum_{j=1}^{N} \dot{\sigma}_j = \sum_{j=1}^{N} \left(P_0^j \underline{\underline{a}}^u \dot{\varepsilon} - \frac{\sigma^j - \sigma^{j,r}}{a(t)\tau_j^r} \right)$$

$$\dot{\sigma}^{j,r} = P_0^j \underline{\underline{a}}^u \dot{\varepsilon}$$

$$\tau_j^r = \frac{h}{K_B T} \exp\left(\Delta F_j^{+,r}\right) \qquad \text{(III.74)}$$

$$a(t) = \exp\left(\frac{K_\sigma |\sigma - \sigma^r|}{RT}\right)$$

Où K_σ est homogène à un volume d'activation.

III.5 Modélisation des polymères semi – cristallins

L'approche DNLR à été utilisée avec succès ces dernières années, notamment pour simuler le comportement des polymères élasto-visco-plastique [100][99][106][107].

V Magnenet et L Nieng se sont focalisés sur la définition et sur le rôle de l'état relaxé σ^r et du spectre des temps de relaxation τ_j (en particulier le facteur de glissement $a^j(t)$) dans la modélisation.

Plusieurs modèles ont été proposés, nous n'évoquerons brièvement que celle de Loukil, K. M'rabet, Niang et celle de R. Aireby concernant la modélisation du comportement mécanique des polymères semi cristallins, notamment le PEHD.

Loukil a décrit l'état relaxé grandes déformations des polymères, comme un état régi par une lois de type élastique. Plus précisément, il a choisi de travailler avec un comportement élastique non linéaire [99]. Et, pour prendre en compte l'importance de la contribution du terme entropique $\frac{\partial^2 S^r}{\partial \underline{\varepsilon} \partial \underline{\varepsilon}}$, il a proposé de décrire l'état relaxé σ^r à l'aide d'une loi de type MOONEY- RIVLIN, assez bien adaptée à la modélisation du comportement des élastomères en grandes déformations, en faisant intervenir un durcissement hyperélastique. L'expression de la contrainte à l'état relaxé retenue par l'auteur en traction est de la forme suivante:

$$\text{En traction} \quad \sigma_{11}^r = 2\left(\lambda_1^2 - \frac{1}{\lambda_1}\right)\left(C_1 + \frac{C_2}{\lambda_1}\right) \qquad \text{(III.75)}$$

En cisaillement $\sigma^r_{12} = 4(C_1 + C_2)\varepsilon_{12}$

Où C_1 et C_2 désignent les coefficients de MOONEY – RIVLIN, et λ_1 l'extension principale. Ce choix lui a permis de simuler le comportement en traction en grandes déformations du PEEK, présentant un durcissement hyperélastique en traction et un pseudo-plateau de contrainte en cisaillement, figure III.5.

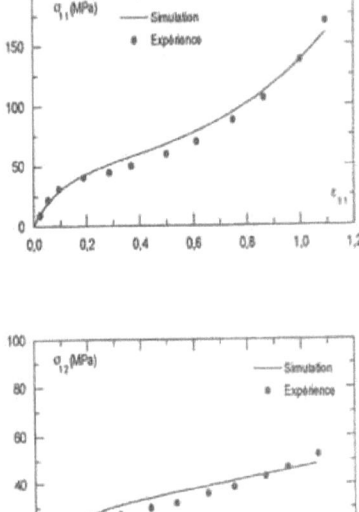

Fig.III.5 Comparaison des résultats expérimentaux de traction et de cisaillement avec ceux calculés par le modèle DNLR [100]

LOUKIL a également pris en compte l'effet de l'entropie relaxée dans le facteur de non linéarité, ce qui affecte le spectre des temps de relaxation:

$$a(t) = \exp\left(\frac{\Delta(\Delta F_j^+(t))}{RT}\right)$$

$$\Delta(\Delta F_j^+(t)) = K_\sigma(\sigma_1 - \sigma_1^r) + K_S(S_1 - S_1^r)$$

(III.76)

La prise en compte de ce terme de couplage entropique permet de reproduire le crochet de traction uniaxial pour le PMMA.

Pour caractériser expérimentalement la contrainte relaxée du PEHD en grandes déformations M'RABET, a effectué plusieurs séquences de relaxation à partir de différents points de charge situés dans le domaine de traction. On constate que la courbe contrainte relaxée – déformation axiale présente la même allure que les courbes de réponse de traction (contrainte vraie – déformation axiale). En effet, on peut observer sur la courbe de contrainte relaxée une zone élastique, probablement gouvernée par les énergies de liaisons aux petites déformations, suivie d'un durcissement hyperélastique lié à l'entropie de configuration aux très grandes déformations.

Lors de la mise en œuvre des séquences de relaxation pendant un essai de compression, les états relaxés sont différents en charge et en décharge, elles sont liées aux types de chargements appliqués, et elles ne sont pas réversibles. C'est donc un état de pseudo équilibre qui présente une forte hystérésis.

NIANG a décrit le comportement cyclique du modèle DNLR, il a présenté trois formulations (version I, version I-bis, et version II). La première formulation (version I), fondée sur l'existence d'un seul spectre de relaxation, s'est avérée insuffisante pour décrire le comportement cyclique de certains alliages composés d'au moins deux phases γ et $\dot\gamma$ (γ représente la matrice de la structure du matériau et $\dot\gamma$ les précipités dispersées à travers la matrice γ) avec 4 paramètres pour un chargement unidirectionnel d'un matériau isotrope et 6 paramètres pour un chargement multidirectionnel. Elle a permis de souligner la signification physique et l'influence de chacun de ces paramètres sur la courbe de traction. La deuxième formulation est la version I-bis, une variante qui diffère par l'existence d'une contrainte à l'état relaxé non linéaire présentant une hystérésis lors de chargements cycliques ; elle présente une certaine analogie avec l'écrouissage cinématique non linéaire de type AMSTRONG et FREDERICK. Cette version nécessite 7 paramètres. La troisième est une formulation à deux spectres de temps de relaxation, elle a été proposée par Dupre

[101] pour modéliser le comportement mécanique de matériaux présentant deux régimes de viscosité. Cette version possède 10 paramètres.

La formulation a deux spectres (Version II) introduit deux familles de modes dissipatifs I et II.

$$\dot{\underline{\sigma}} = \underline{\underline{a}}^u.\dot{\underline{\varepsilon}} - F_I \sum_j \left[\frac{\sigma^j - \underline{\underline{a}}_I^r.\varepsilon P_0^j}{\tau_I^j} \right]_I - (1-F_I) \sum_k \left[\frac{\sigma^k - \underline{\underline{a}}_{II}^r.\varepsilon P_0^k}{\tau_{II}^k} \right]_{II} \quad (III.77)$$

Cette réponse découle en fait de la combinaison de deux réponses élémentaires du modèle D.N.L.R. pondérées par la fraction F_I de telle sorte:

$$\dot{\underline{\sigma}} = F_I \dot{\underline{\sigma}}_I + \underbrace{F_{II}}_{(1-F_I)} \dot{\underline{\sigma}}_{II} \quad (III.78)$$

Avec:

$$\dot{\underline{\sigma}}_I = \underline{\underline{a}}^u.\dot{\underline{\varepsilon}} - \sum_j \left[\frac{\sigma^j - \underline{\underline{a}}_I^r.\varepsilon P_0^j}{\tau_I^j} \right]_I \quad (III.79)$$

$$\dot{\underline{\sigma}}_{II} = \underline{\underline{a}}^u.\dot{\underline{\varepsilon}} - \sum_k \left[\frac{\sigma^k - \underline{\underline{a}}_{II}^r.\varepsilon P_0^k}{\tau_{II}^k} \right]_{II} \quad (III.80)$$

$\underline{\underline{a}}^u$, $\underline{\underline{a}}_I^r$ et $\underline{\underline{a}}_{II}^r$ sont des matrices de rigidité fonctions des modules de Tisza (E^u, E_I^r, E_{II}^r) et des coefficients de Poisson ($\upsilon^u, \upsilon_I^r, \upsilon_{II}^r$) pour un solide isotrope.

Les deux distributions des temps de relaxation sont données par les expressions suivantes:

$$\tau_I^j = \frac{h}{k_B T} \exp\left(\frac{\Delta F_I^{+,j,r}}{RT} \right) \exp\left[\Delta \left(\Delta F_I^{+j}(t) \right) \right] \quad (III.81)$$

Modélisation thermodynamique- approche DNLR

$$\tau_{II}^k = \frac{h}{k_B T} \exp\left(\frac{\Delta F_{II}^{+,k,r}}{RT}\right) \exp\left[\Delta\left(\Delta F_{II}^{+k}(t)\right)\right] \quad \text{(III.82)}$$

$\Delta F_I^{+,j,r}$ et $\Delta F_{II}^{+,k,r}$: sont les énergies d'activation au voisinage de l'équilibre pour les modes j et k :

$$\Delta F_I^{+,j,r} = \Delta F_{\min,I}^{+j} + \left(\Delta F_{\max,I}^{+j} - F_{\min,I}^{+j}\right)\frac{j-1}{N-1} \quad \text{(III.83)}$$

$$\Delta F_{II}^{+,k,r} = \Delta F_{\min,II}^{+k} + \left(\Delta F_{\max,II}^{+k} - F_{\min,II}^{+k}\right)\frac{k-1}{N-1} \quad \text{(III.84)}$$

j (ou k) désigne le $j^{\text{ième}}$ (ou $k^{\text{ième}}$) mode et N est le nombre totale de modes (ou processus). Le terme de non linéarité temporelle $\Delta\left(\Delta F_I^{j,+}(t)\right)$ est donné par la somme de deux termes. Le premier caractérise l'écart à l'équilibre entre la contrainte $\underline{\sigma}$ et la contrainte relaxée $\underline{\sigma}_I^r$ associé au spectre γ par l'intermédiaire de la contrainte équivalent au sens de Von Mises J_2 et le second introduit un couplage entre processus j et les processus k. le paramètre de couplage C_I est une constante (paramètre) du matériau.

$$\Delta\left(\Delta F_I^{j,+}(t)\right) = K_{\sigma I}\left[J_2\left(\underline{\sigma}-\underline{\sigma}_I^r\right) + C_I J_2\left(\underline{\sigma}-\underline{\sigma}_{II}^r\right)\right] \quad \text{(III.85)}$$

Idem pour les modes k

$$\Delta\left(\Delta F_{II}^{k,+}(t)\right) = K_{\sigma II}\left[J_2\left(\underline{\sigma}-\underline{\sigma}_{II}^r\right) + C_{II} J_2\left(\underline{\sigma}-\underline{\sigma}_I^r\right)\right] \quad \text{(III.86)}$$

La seule connaissance de l'énergie d'activation au voisinage de l'équilibre pour le mode le plus lent, permet d'obtenir le temps de relaxation le plus élevé, et de définir le spectre initial. En effet, la théorie des fluctuations donne le poids de chaque mode j (ou k) au voisinage de l'équilibre:

$$P_0^j = \frac{\sqrt{\tau_j^r}}{\sum_j \sqrt{\tau_j^r}} \quad \text{et} \quad P_0^k = \frac{\sqrt{\tau_k^r}}{\sum_k \sqrt{\tau_k^r}} \quad \text{(III.87)}$$

De sorte que:

$$\underline{\underline{\sigma}}_I^{j,r} = P_0^j \underline{\underline{a}}_I^r \underline{\underline{\varepsilon}} \quad \text{et} \quad \underline{\underline{\sigma}}_{II}^{k,r} = P_0^k \underline{\underline{a}}_{II}^r \underline{\underline{\varepsilon}} \qquad (III.88)$$

ARIEBY a choisi un potentiel thermodynamique ϕ tel que $\phi = \phi(\varepsilon_1, \sigma_2, \sigma_3, T, \overline{Z}, \overline{\rho}, \overline{e})$, il a considéré également trois familles de processus de réorganisation microstructurales internes:

1. les variables $\overline{Z}$ correspondants aux processus de nature viscoélastique, essentiellement dues à la phase amorphe située entre les lamelles cristallines ;
2. les variables $\overline{\rho}$ correspondant aux phénomènes d'hystérésis par rapport à la réversibilité ; cette famille de variables nous permet de construire l'hystérésis sur l'état relaxé ; qu'on peut relier physiquement au « détricotage » des lamelles cristallines ;
3. Une troisième famille $\overline{e}$ correspondant aux phénomènes d'endommagement par cavitation.

Chacune de ces familles présentera une distribution qui sera décrite sur une base modale appropriée. En formulation incrémentale, nous avons la matrice de TISZA suivante:

$$\begin{pmatrix} \dot{\sigma}_1 \\ \dot{\varepsilon}_2 \\ \dot{\varepsilon}_3 \\ -\dot{A}_z \\ -\dot{A}_\rho \\ -\dot{A}_e \end{pmatrix} = \begin{pmatrix} a_{\varepsilon_1\varepsilon_1} & a_{\varepsilon_1\sigma_2} & a_{\varepsilon_1\sigma_3} & b_{\varepsilon_1 z} & b_{\varepsilon_1 \rho} & b_{\varepsilon_1 e} \\ a_{\sigma_2\varepsilon_1} & a_{\sigma_2\sigma_2} & a_{\sigma_2\sigma_3} & b_{\sigma_2 z} & b_{\sigma_2 \rho} & b_{\sigma_2 e} \\ a_{\sigma_3\varepsilon_1} & a_{\sigma_3\sigma_2} & a_{\sigma_3\sigma_3} & b_{\sigma_3 z} & b_{\sigma_3 \rho} & b_{\sigma_3 e} \\ b_{z\varepsilon_1} & b_{z\sigma_2} & b_{z\sigma_3} & g_{zz} & g_{\rho\rho} & g_{ze} \\ b_{\rho\varepsilon_1} & b_{\rho\sigma_2} & b_{\rho\sigma_3} & g_{\rho z} & g_{z\rho} & g_{\rho e} \\ b_{e\varepsilon_1} & b_{e\sigma_2} & b_{e\sigma_3} & g_{ez} & g_{e\rho} & g_{ee} \end{pmatrix} \begin{pmatrix} \dot{\varepsilon}_1 \\ \dot{\sigma}_2 \\ \dot{\sigma}_3 \\ \dot{\overline{z}} \\ \dot{\overline{\rho}} \\ \dot{\overline{e}} \end{pmatrix} \qquad (III.89)$$

Cette écriture néglige implicitement l'effet de la température et le VER demeure isotherme au cours de la sollicitation mécanique.

Modélisation thermodynamique- approche DNLR

La formule matricielle précédente devient:

$$\dot{\sigma}_1 = a_{\varepsilon_1\varepsilon_1}\overline{\dot{\varepsilon}_1} + b_{\varepsilon_1 z}\overline{\dot{z}} + b_{\varepsilon_1 e}\overline{\dot{e}}$$

$$\dot{\varepsilon}_2 = a_{\sigma_2\varepsilon_1}\overline{\dot{\varepsilon}_1} + b_{\sigma_2 z}\overline{\dot{z}} + b_{\sigma_2 e}\overline{\dot{e}}$$

$$\dot{\varepsilon}_3 = a_{\sigma_3\varepsilon_1}\overline{\dot{\varepsilon}_1} + b_{\sigma_3 z}\overline{\dot{z}} + b_{\sigma_3 e}\overline{\dot{e}}$$

$$-\dot{A}_z = b_{z\varepsilon_1}\overline{\dot{\varepsilon}_1} + g_{zz}\overline{\dot{z}} + g_{z\rho}\overline{\dot{\rho}} \qquad (III.90)$$

$$-\dot{A}_\rho = g_{\rho z}\overline{\dot{z}} + g_{\rho\rho}\overline{\dot{\rho}}$$

$$-\dot{A}_e = g_{e\varepsilon_1}\overline{\dot{\varepsilon}_1} + g_{ee}\overline{\dot{e}}$$

En développement de ces lois, [103] arrive à une formule plus générale, en introduisant l'endommagement en trois dimensions :

$$\dot{\sigma}_1 = \sum_{j=1}^{N}\dot{\sigma}_1^j = a_{\varepsilon_1,\varepsilon_1}\dot{\varepsilon}_1 - \sum_{j=1}^{N}\frac{\sigma_1^j - \sigma_1^{j,r}}{\tau_j^r}$$

$$\dot{\varepsilon}_2 = \sum_{j=1}^{N}\dot{\varepsilon}_2^J = a_{\sigma_2,\varepsilon_1}^{r,eff}\dot{\varepsilon}_1 - \sum_{j=1}^{N}\Lambda_{\sigma_2\varepsilon_1}\frac{\sigma_1^{j,r} - \sigma_1^{j,eq}}{\tau^{eq}} \qquad (III.91)$$

$$\dot{\varepsilon}_3 = \sum_{j=1}^{N}\dot{\varepsilon}_3^J = a_{\sigma_3,\varepsilon_1}^{r,eff}\dot{\varepsilon}_1 - \sum_{j=1}^{N}\Lambda_{\sigma_3\varepsilon_1}\frac{\sigma_1^{j,r} - \sigma_1^{j,eq}}{\tau^{eq}}$$

$$\dot{\sigma}_1^r = \sum_{j=1}^{N}\dot{\sigma}_1^{j,r} = a_{\varepsilon_1,\varepsilon_1}\dot{\varepsilon}_1 - \sum_{j=1}^{N}\frac{\sigma_1^{j,r} - \sigma_1^{j,eq}}{\tau_j^{eq}}$$

Modélisation thermodynamique- approche DNLR

III.6 Nouvelle formulation du modèle DNLR

III.6.1 Proposition de l'approche avec prise en compte de l'endommagement

Concernant le modèle numérique proposé et mis en œuvre dans nos travaux, nous nous sommes inspirés des travaux de M'rabet et Arieby [103] [107], qui ont utilisé un modèle basé sur L'approche « distribution of non linear relaxation, DNLR » développée initialement par Cunat. Cette dernière, repose sur la généralisation de la relation de Gibbs, pour les systèmes hors équilibre. M'rabet [103] a modélisé, selon l'approche DNLR, le comportement du PEHD en petite déformation. Dans le but prévoir le comportement de ce matériau en grande déformation, Arieby [107] a, quant à lui, introduit les effets d'endommagement sous forme de module réel, dans le même modèle. Dans son approche, il ne reproduit, cependant, pas la croissance du module de Young au niveau de la phase de durcissement. Pour palier à ce manque, nous nous sommes inspiré de ces travaux et nous avons introduit, quant à nous, un endommagement sous forme de module effectif dans les équations (III.94) et (III.95). Ce changement, dans le modèle originel, nous à permis de reproduire d'une manière satisfaisante qualitativement et quantitativement le comportement du PEHD a température ambiante.

$$\dot{\sigma}_1 = \sum_{j=1}^{N} \dot{\sigma}_1^j = E^{eff} \dot{\varepsilon}_1 - \sum_{j=1}^{N} \frac{\sigma_1^j - P_j^r \sigma_1^{j,r}}{\tau_j^r} \quad \text{(III.92)}$$

$$\dot{\sigma}_1^r = \sum_{j=1}^{N} \dot{\sigma}_1^{j,r} = E^{eff,r} \dot{\varepsilon}_1 - \sum_{j=1}^{N} \frac{\sigma_1^{j,r} - P_j^{eq} \sigma_1^{j,eq}}{\tau_j^{eq}} \quad \text{(III.93)}$$

Avec

$$P_j^r = \frac{\sqrt{\tau_j^r}}{\sum_{j=1}^{N} \sqrt{\tau_j^r}}$$

Où

N : Le nombre de processus utilisés, j le modes dissipatifs

$$\tau_j^r = \tau_{max}^r 10^{\frac{N-j}{N-1}}$$

Modélisation thermodynamique- approche DNLR

τ_{max}^r : Temps max à l'état relaxée

$$P_j^{eq} = \frac{\sqrt{\tau_j^{eq}}}{\sum_{j=1}^{N}\sqrt{\tau_j^{eq}}}$$

$$\tau_j^{eq} = \tau_{max}^{eq} 10^{\frac{N-j}{N-1}},$$

τ_{max}^{eq} Temps max à l'état équilibre

Pour modéliser l'évolution du module de Young effectif en fonction de la déformation axiale, nous faisons appel à la loi empirique (III.94) et (III.95), nous constatons deux phénomènes antagonistes, il s'agit d'une première contribution (microcavités) conduisant à la chute de module de Young et d'une seconde traduisant leur augmentation (effet des réorientations des chaînes), pour le seconde phénomènes, nous adopterons le modèle d'Arruda et Boyce qui fait intervenir le nombre de segments par chaîne, elle simule parfaitement l'évolution de Module de Young en fonction de la déformation axiale, contrairement à celle d'Arieby, elle prend pas en compte la nouvelle remonté du module de Young au niveau de durcissement (**naissance des craquelures, coalescence et formation de la structure fibriaire**) de notre matériau:

$$E^{r,eff} = E^r \left[1 - \left[\alpha_1(1-\exp(-\beta_1\varepsilon_1)) - \frac{1}{5}X\ell^{-1}(\lambda_C/n^{0.5})\varepsilon_1\right]\right] \quad (III.94)$$

$$E^{eff} = E \left[1 - \left[\alpha_1(1-\exp(-\beta_1\varepsilon_1)) - \frac{1}{5}X\ell^{-1}(\lambda_C/n^{0.5})\varepsilon_1\right]\right] \quad (III.95)$$

Où

E^r : Module de Young relaxé
E : Module de Young instantané
α_1 : Représente le niveau de dommage
β_1 : Paramètre caractérisant la saturation du dommage

$$X = \sqrt{\frac{1}{n^{0.5}}\frac{3n-1}{n-1}}$$

La contrainte à l'équilibre à été rapprochée par le modèle à 8-chaînes d'Arruda et Boyce [89] qui repose sur la théorie statistique non-gaussienne de chaînes moléculaires.

$$T_N = \frac{1}{J_N} \frac{C_r}{3} \frac{\sqrt{N_{rl}}}{\overline{\lambda}_N^e} \ell^{-1}\left(\frac{\overline{\lambda}_N^e}{\sqrt{N_{rl}}}\right)\left[\overline{B}_N^e - \left(\overline{\lambda}_N^e\right)^2 I\right] \qquad (III.96)$$

Où $\quad J_N = \det F_N^e$

Et le module de cisaillement égale à : $C_r = n\kappa\theta$

Avec $\qquad \overline{\lambda}_N^e = \left[\frac{1}{3} tr\left(\overline{B}_N^e\right)\right]^{\frac{1}{2}}$

$$\overline{B}_N^e = \overline{F}_N^e \left(\overline{F}_N^e\right)^T \qquad (III.97)$$

$$\overline{F}_N^e = (J_N)^{-1/3} F_N^e \qquad (III.98)$$

Dans ce modèle, le réseau de chaînes est distribué suivant les quatre directions privilégiées correspondant aux sommets d'un cube inscrit dans la sphère unité, dans le cas d'une sollicitation uniaxiale (traction-compression), l'évolution de cette contrainte obéit à l'expression suivante :

$$\sigma_1^{eq} = \frac{NK_B T}{3\lambda_C} n^{0.5} \left(\lambda_1^2 - \lambda_2^2\right) \ell^{-1}\left(\frac{\lambda_C}{n^{0.5}}\right) \qquad (III.99)$$

$$\lambda_1 = \exp(\varepsilon_1) \qquad (III.100)$$

Modélisation thermodynamique- approche DNLR

$$\lambda_2 = 1/\sqrt{\lambda_1} \qquad \text{(III.101)}$$

$$\lambda_c = \sqrt{\lambda_1^2 + 2\lambda_2^2/3} \qquad \text{(III.102)}$$

NKT et *n* paramètres décrivant l'élasticité de type caoutchoutique relative à la réponse de l'état d'équilibre.

ℓ^{-1} C'est la fonction inverse de Langevin, pour développer cette fonction, nous avons choisi l'approximation de Padé :

$$\ell^{-1} = x\frac{3-x^2}{1-x^2}$$

La souplesse du modèle d'Arruda et Boyce [89] réside dans la possibilité de reproduire le durcissement induit par étirement et réorientation des chaines, en grandes déformations, en ne faisant intervenir que deux paramètres N (NKT module de cisaillement) et n (nombre de segments par chaîne) (figure III.5, III.6). Ces derniers permettent de retrouver la forme globale du durcissement hyperélastique, sachant que le deuxième est surtout lié au durcissement en grandes déformations et que N a plus l'effet sur le début de durcissement hyperélastique.

Plus le nombre de segments est faible plus le durcissement est rapide. On constate aussi que le durcissement croît en fonction du module de cisaillement.

Modélisation thermodynamique- approche DNLR

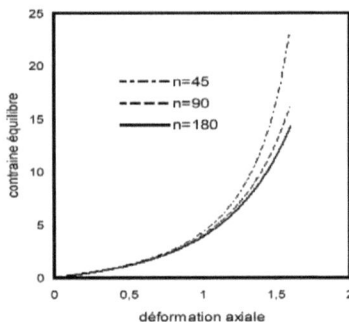

Fig.III.6: influence de n sur la contrainte à l'équilibre

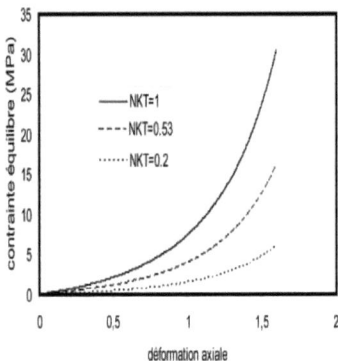

Fig.III.7: influence de NKT sur la contrainte à l'équilibre

III.6.2 Prise en compte des effets de vieillissement thermique.

D'après nos résultats expérimentaux sur les effets du vieillissement thermique isotherme sur le comportement mécanique en traction du PEHD, nous constatons une modification de certaines caractéristiques mécaniques (**augmentation de la limite élastique**), ainsi que sont comportement surtout au niveau de **durcissement** (figure III.8). L'analyse par diffraction des rayons X, a mis en évidence le phénomène de postcristallisation, par révélation de l'accroissement de la cristallinité des échantillons vieillis. Afin de déterminer l'origine du processus de postcristallisation, l'analyse par spectroscopie infrarouge a été effectuée et a démontré que cette dernière n'est due qu'au changement de la morphologie structurale.

Modélisation thermodynamique- approche DNLR

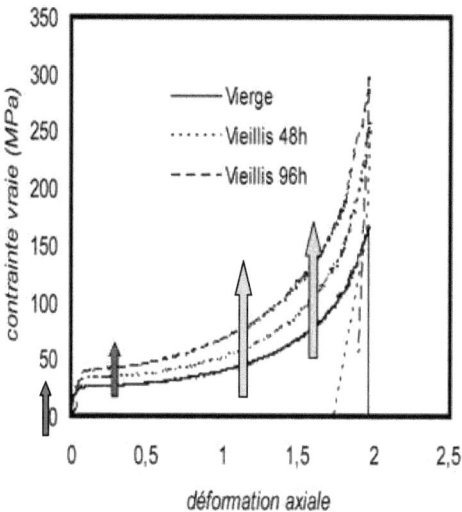

Fig.III.8 : Evolution de la limite d'élasticité en particulier en fonction du temps de vieillissement

En prenant appui, autant que possible, sur les observations émanant d'autres études ainsi que sur nos résultats expérimentaux, nous développons un modèle qui prend en compte les effets du vieillissement thermique sur le comportement mécanique en traction du PE100. Ainsi que, l'évolution du module de Young en fonction de la déformation axiale.

Notant D comme l'endommagement du au vieillissement thermique, il représente la perte de masse en fonction du temps :

$$D = \frac{\Delta m}{m_0} = \frac{m(t) - m_0}{m_0} = \frac{m(t)}{m_0} - 1 \qquad (\text{III}.103)$$

Où :

m_0 : La masse initiale (avant le vieillissement)

$m(t)$: Évolution de la masse en fonction du temps de vieillissement

L'évolution du module de Young instantané et relaxé après le vieillissement thermique sont donnés par les formules (III.104) et (III.105) :

Modélisation thermodynamique - approche DNLR

$$E_{\text{eff}}^{r,v} = \frac{E^r}{1+D}\left[1-\left\{\alpha_1(1-\exp(-\beta_1\varepsilon_1))-\frac{1}{5}X\ell^{-1}\left(\lambda_c/n^{0.5}\right)\varepsilon_1\right\}\right] \quad \text{(III.104)}$$

$$E_{\text{eff}}^{v} = \frac{E}{1+D}\left[1-\left\{\alpha_1(1-\exp(-\beta_1\varepsilon_1))-\frac{1}{5}X\ell^{-1}\left(\lambda_c/n^{0.5}\right)\right\}\varepsilon_1\right] \quad \text{(III.105)}$$

L'évolution de La contrainte vraie instantanée et de la contrainte vraie relaxée après vieillissement thermique est donnée par les formules suivantes :

$$\dot{\sigma}_1^V = \frac{E^{\text{eff}}}{1+D}\dot{\varepsilon}_1 - \sum_{j=1}^{N}\frac{\sigma_1^j - P_j^r \sigma_1^{j,r}}{\tau_j^r} \quad \text{(III.106)}$$

$$\dot{\sigma}_1^{r,V} = \frac{E^{\text{eff},r}}{1+D}\dot{\varepsilon}_1 - \sum_{j=1}^{N}\frac{\sigma_1^{j,r} - P_j^{eq} \sigma_1^{j,eq}}{\tau_j^{eq}} \quad \text{(III.107)}$$

Conclusion

Dans ce chapitre nous avons rappelé le formalisme mis en œuvre pour d'écrire les lois de comportement. Nous commençons par la généralisation de l'équation de GIBBS au sens de DE DONDER. Ceci se traduit par le fait que l'on peut toujours se référer à un potentiel thermodynamique qui contient toute l'information sur le système et qui est descriptible par un ensemble de variables indépendantes même dans les situations de non équilibre. Nous admettons aussi l'existence d'une multitude (distribution) de processus thermodynamiques (ou modes de relaxation) gouvernés par des cinétiques non linéaire: ceci constitue le cadre du formalisme D.N.L.R.

En prenant appui, autant que possible, sur les observations émanant d'autres études ainsi que sur nos résultats expérimentaux, nous avons développé un modèle qui prend en compte les effets du vieillissement thermique sur le comportement mécanique en traction du PE100. Ainsi que, l'évolution du module de Young instantané et relaxé en fonction de la déformation axiale.

Chapitre IV

Confrontation de l'approche DNLR et des principaux résultats expérimentaux

IV.1 Identification des paramètres

Le modèle de comportement du PEHD a été présenté de façon détaillée au chapitre précédent. Il s'agit désormais de juger sa robustesse et de son aptitude à rendre compte des résultats expérimentaux.

Pour ce faire, nous avons choisi des sollicitations mécaniques en traction monotone sur des éprouvettes vierge et sur des éprouvettes ayant subit un vieillissement thermique à différentes durées de maintien.

Les quelques figures qui suivent constituent un échantillon donnant une idée de la cohérence du modèle et de son potentiel de prévision.

Lors de la simulation numérique, nous nous sommes surtout attachés à rendre compte des résultats relatifs à la direction d'extrusion, la plupart de nos résultats ont été obtenus à une vitesse de déformation de 0.001 s^{-1} et à la température ambiante. Les réponses mécaniques sont simulées avec un même jeu de 15 paramètres. Les différentes valeurs sont rassemblées par catégorie dans les tableaux ci-dessous.

Pour l'état d'équilibre

NKT	n
0.53 MPa	90

Pour l'état relaxé

E_1^r	α_1	β_1	K_σ^{eq}	τ_{max}^{eq}	d	$\dot{\varepsilon}_0$
350 MPa	0.899	18	-518 cm3/Mol.at	19 10^7 s	4	9 10^{-7} s^{-1}

Confrontation approche DNLR- Résultats expérimentaux

Pour la réponse global

E_1^u	K_0	K_1	K_2	m	τ_{max}^r
1180 MPa	-1299 cm^3/Mol.at	0.57	2	0.12	42300 s

Ces paramètres ne sauraient donc représenter les caractéristiques objectives du matériau. Cependant, ils permettent de reproduire quantitativement l'essentiel de nos observations et données expérimentales comme le prouvent les figures ci-dessous.

En ne jouent que sur un seul paramètre, n, intervenant dans l'expression de l'état d'équilibre et aussi dans l'évolution de module de Young effectif. Ce paramètre n régit l'accélération du durcissement en grandes déformations induites par étirement et réorganisation des chaînes macromoléculaires.

La corrélation entre les résultats expérimentaux et numériques est très satisfaisante, et ce, sur tout l'intervalle de déformation (zone viscoélastique, viscoplastique et durcissement).

En effet, l'erreur entre l'expérience et la simulation numérique est de l'ordre de 2 à 3% au niveau de la limite d'élasticité et au début de plateau de plasticité (figure IV.1, 2, 3, 4 et 5).

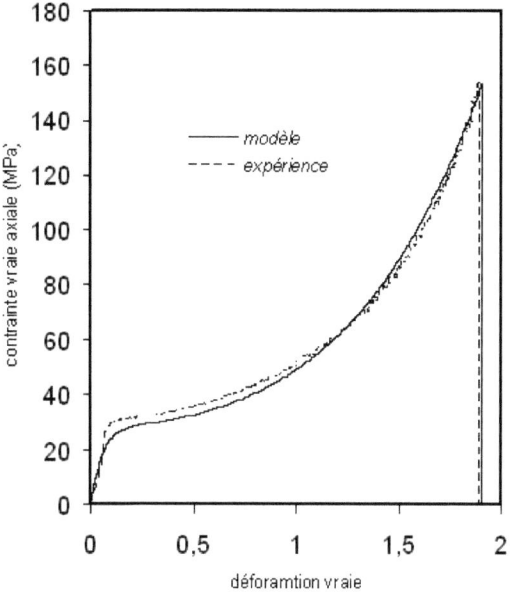

Fig.IV.1 : Courbe de réponse expérimentale en traction uniaxiale et simulation à l'aide du modèle (vitesse de déformation : 0.001 s^{-1})

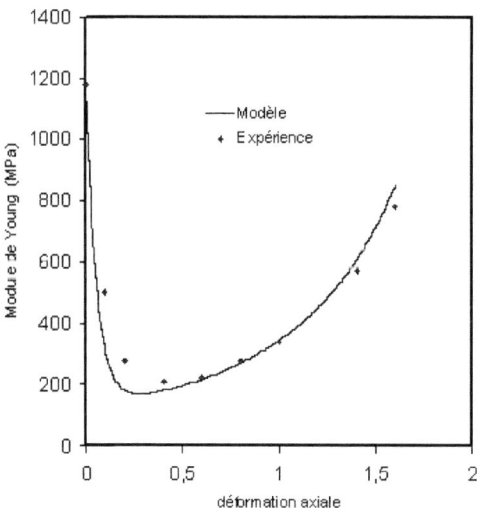

Fig.IV.2 : Evolution du module de Young en fonction de la déformation axiale (comparaison des résultats numériques et expérimentaux)

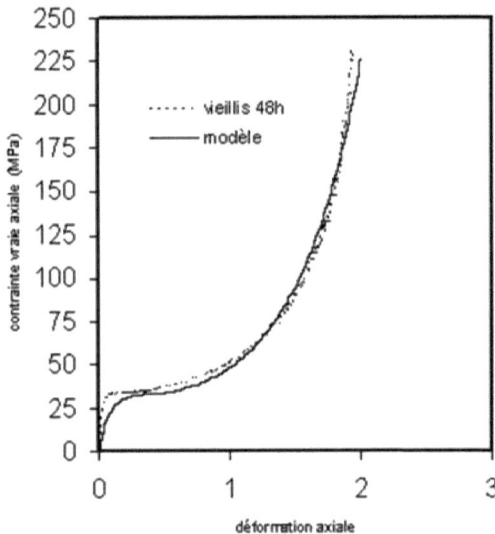

Fig.IV.3 : Evolution du la contrainte axiale vraie en fonction de la déformation axiale pour une éprouvette vieillis pendant 48h (comparaison des résultats numériques et expérimentaux)

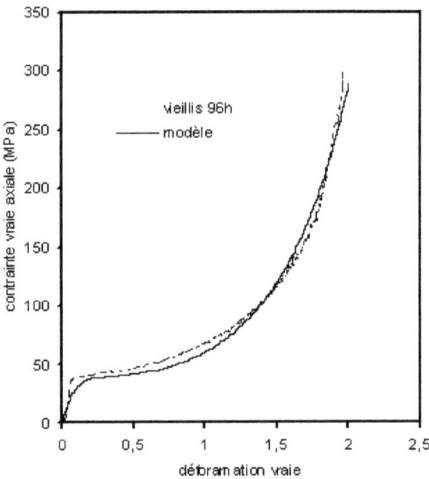

Fig.IV.4 : Evolution du la contrainte axiale vraie en fonction de la déformation axiale pour une éprouvette vieillis pendant 96h (comparaison des résultats numériques et expérimentaux)

Confrontation approche DNLR- Résultats expérimentaux

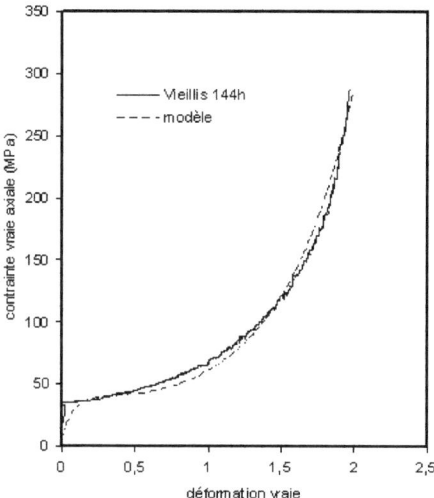

Fig.IV.5 : Evolution du la contrainte axiale vraie en fonction de la déformation axiale pour une éprouvette vieillis pendant 144h (comparaison des résultats numériques et expérimentaux)

IV.2 Sensibilité des réponses du matériau aux différents paramètres du modèle

Nous proposons de présenter très succinctement une étude de sensibilité concernant les différents paramètres qui interviennent dans le modèle.

IV.2.1 effet des principaux paramètres sur la contrainte d'équilibre

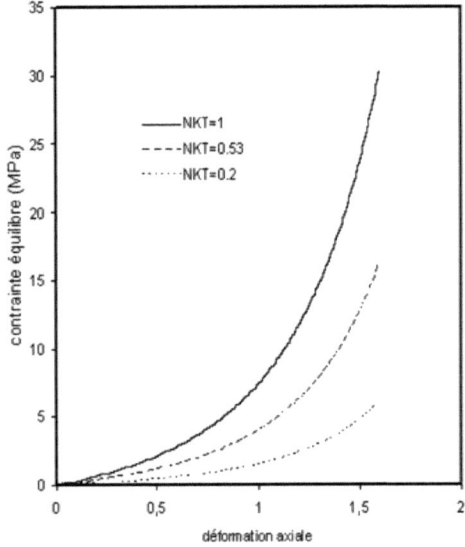

Fig.IV.6 : Effet important du terme (NKT, en MPa) sur la contrainte d'équilibre

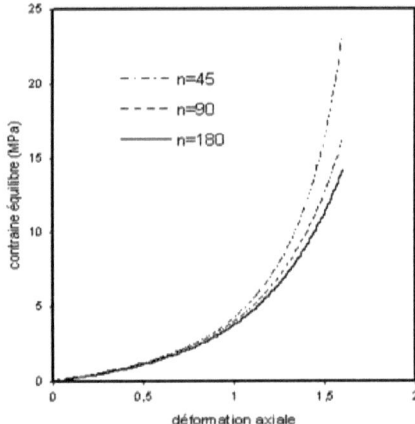

Fig.IV.7 : Très faible influence du paramètre n sur la contrainte d'équilibre

IV.2.2. effets des principaux paramètres sur la contrainte relaxée :

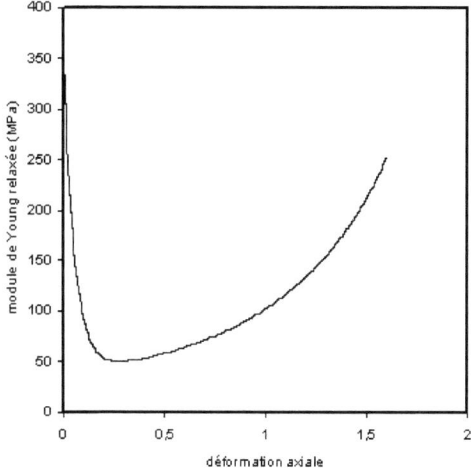

Fig.IV.8 : Evolution du module de Young relaxé en fonction de la déformation axiale

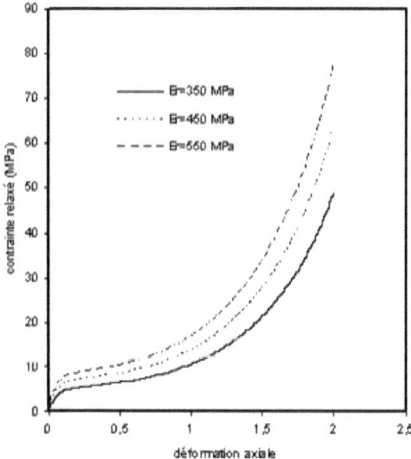

Fig.IV.9 : Forte influence du module relaxé sur la contrainte relaxé. Aucun effet sur la contrainte d'équilibre.

Confrontation approche DNLR- Résultats expérimentaux

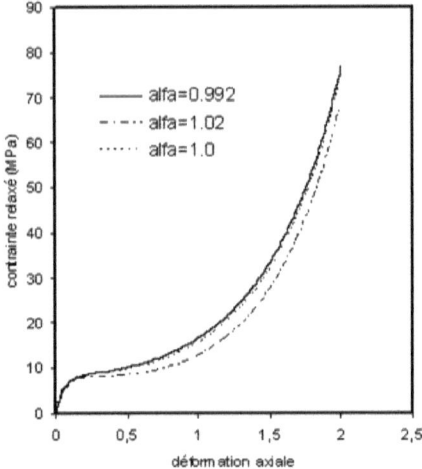

Fig.IV.10 : Effet de terme α sur la contrainte relaxée

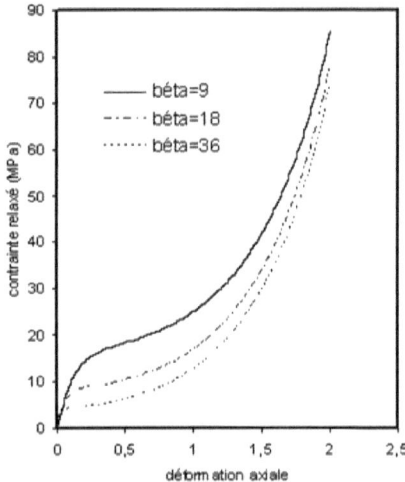

Fig.IV.11 : Effet du terme β sur la contrainte relaxée

Confrontation approche DNLR- Résultats expérimentaux

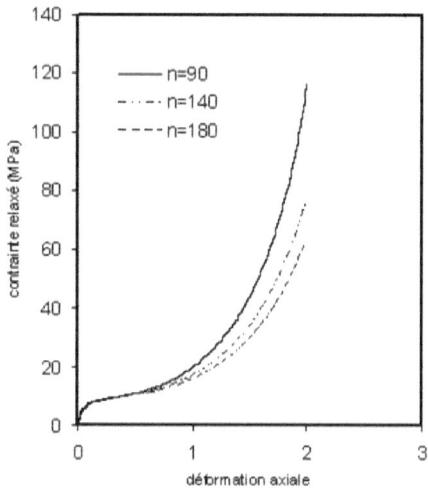

Fig.IV.12 : Effet du terme n sur la contrainte relaxée

IV.3 Conclusion

En raison de la diversité des comportements et des difficultés numériques liées au comportement non linéaire, incompressible et au caractère grandement déformable, la modélisation des polymères semi cristallins est encore des problèmes largement ouverts.

Comme nous l'avons mentionné brièvement en introduction, la modélisation thermodynamique que nous avons développée :
- *a permis de simuler le comportement du PEHD en grandes déformations*
- *elle intègre les effets de l'endommagement*
- *elle prend en considérations les effets du vieillissement thermique.*

La comparaison des résultats numériques aux résultats expérimentaux pour un essai de traction uniaxiale a montré quelques différences qui sont dus probablement à des phénomènes physiques qui ne sont pas pris en compte dans notre modèle.

Conclusion Générale

Conclusion Générale

L'objectif de l'étude que nous venons de présenter a été de proposer une caractérisation mécanique et physico-chimique complète de Polyéthylène à Haute Densité destinés au transport d'eau potable en Algérie à l'état vierge et après un vieillissement thermique accéléré dans une étuve. Nous nous sommes également intéressés à l'élaboration d'un modèle apte à décrire le comportement de cette classe de matériaux (semi cristallins) en prenant en compte l'endommagement en grandes déformations et les effets du vieillissement thermique. Le volet numérique est alors une exploration du potentiel d'une loi de comportement, basée sur une approche thermodynamique DNLR développée par Cunat, basée sur la Thermodynamique des Processus Irréversibles (TPI) à l'échelle du Volume Elémentaire Représentatif (VER). Cette approche repose sur une généralisation de la relation de Gibbs au cas où l'équilibre local est rompu. Elle se définit comme une extension des concepts initialement introduits par De Donder.

Notre étude bibliographique a été consacrée aux aspects microstructuraux et comportement des différentes phases ; conduisant notamment à l'amorçage et au développement des microcavités.

Nous avons également discuté de la contribution qualitative à la déformation totale des mécanismes prédominants (élasticité, formation de crazes et réorientation des chaînes moléculaires dans la phase amorphe), tout en évoquant rapidement la possibilité d'un détricotage de la phase cristalline.

Les différents mécanismes responsables de la dégradation des polymères en générale et les semi cristallins en particulier ont été étudiés. On distingue deux types de processus qui sont fortement liés: physique et chimique. La dégradation des polymères (amorphe et semi-cristallins) peut être induite par irradiation UV, température, attaques physico-chimiques (l'eau, l'oxygène, etc.) et effort mécanique. Parfois la pollution environnementale affecte la vie des polymères et ce dû aux réactions chimiques possibles.

Nous avons ensuite passé en revue quelques modèles dédiés à l'étude mécanique de l'endommagement des polymères. Et, nous avons constaté que la plus part des modèles utilisés ne prend pas en compte de façon satisfaisante de l'évolution de l'endommagement tel qu'on l'observe dans le Polyéthylène à Haute Densité. En effet, la décroissance du module de Young est suivie aux grandes déformations d'une consolidation significative liée à la réorientation des chaînes moléculaires.

Conclusion Générale

Comme nous l'avons souligné au niveau de premier paragraphe, plusieurs mécanismes de déformation peuvent coexister et se développer au sein d'un polymère semi cristallin sous sollicitation mécanique. Ces processus de déformation débouchent rapidement lors de la traction sur une localisation macroscopique (striction). La recherche d'une loi de comportement intrinsèque caractérisant le comportement doit donc tenir compte de ce phénomène important, et faire appel à une évaluation des champs de déformation locaux. C'est ce qui explique notre choix de morphologie particulière de la partie utile : rayons de raccordement assez grands, volume utile de 6x6x6 mm^3. La déformation se localise dès le début de l'essai dans ce volume complètement recouvert par les 04 taches. La technique de vidéotraction mise en œuvre dans cette étude, donne accès au comportement vrai et à la variation de volume jusqu'aux très grandes déformations et à vitesse de déformation contrôlée. Ce travail a donc débouché sur des mesures reproductibles et précises de la variation de volume.

Concernant la sensibilité à la vitesse de déformation, la gamme des vitesses explorée a été limitée entre 10^{-4} à 10^{-2} s^{-1}, pour des raisons d'ordre technique. Néanmoins, on note un très fort effet de la vitesse sur la courbe de réponse contrainte vraie axiale - déformation vraie axiale, typique d'un comportement viscoélastoplastique.

Nous avons ensuite exploré l'effet de mémoire consécutif à des variations de vitesses de déformations imposées. Différentes séquences de sauts de vitesses de déformation croissantes et décroissantes ont été appliquées au cours de la traction. On remarque que, pour ce cas, après retour à la vitesse de déformation initiale, le PEHD finit par reprendre son régime découlement initial et rejoint la courbe de contrainte initialement amorcée. Ce phénomène se produit comme si le matériau avait toujours été sollicité à la même vitesse (initiale), et présentait une certaine amnésie vis-à-vis des variations de vitesses.

Des observations ont été réalisées au microscope électronique à balayage (MEB) sur des échantillons déformés à différents taux de déformation en vue d'identifier la nature de défauts responsables de la déformation volumique, nous avons identifié des processus de craquelure, nous remarquons que ces dernières augmente avec l'augmentation de taux de déformation.

Des expériences de traction avec mesure in situ de la déformation sur des échantillons vierge et vieillis à 90° pendant 48h, 96h et 144 ont été réalisées, nous constatons d'abord à une petite dilatation dans le domaine élastique correspondant à un coefficient de poisson de 0.41 environ. Dès que la limite élastique est passée, le

Conclusion Générale

volume décroît et devient même inférieur à la valeur initiale (-0.013). Cette densification s'explique sur la base de l'orientation macromoléculaire (réduction de la distance entre les chaînes amorphe) discutée par Kahar et Al (1978). Ensuite, un processus de dilatation (naissances des craquelures, coalescence et formation d'une structure fibriaire) prend le dessus et devient dominant aux grandes déformations. Le vieillissement thermique à une influence importante sur la déformation volumique, on constate que l'augmentation de la déformation volumique augmente avec l'augmentation de taux de cristallinité, ce qui été confirmé par Andrzej Pawlak.

Afin de vérifier nos résultats (augmentation du taux de cristallinité après un vieillissement thermique), des analyses par diffraction des rayons X sur ces échantillons on été faite, nous avons constaté la présence de deux pics caractéristiques de la quantité de matière diffractante de PEHD avec des angles de diffraction similaire et des intensités différentes. Après le calcul de la largeur intégrale ainsi que la largeur à mi-hauteur, nous constatons une diminution des intensités des pics à mi-hauteur pour les deux échantillons vieillis par rapport à l'échantillons de référence (non vieillis) ce qui confirme une augmentation du taux de cristallinité du PEHD.

L'analyse par IRTF montre que l'intensité des bandes de vibration des liaisons C=C et C-H ne sont pas influencé par la durée du vieillissement thermiques, elle reste quasiment inchangée, ce qui confirme que le changement du comportement mécanique du PEHD, n'est pas dû à la modification des groupes chimiques présents dans le matériau, mais au phénomène de changement de morphologie structurale.

Les éprouvettes vierges et vieillies ont été caractérisés et comparés par DSC et DMA. Le matériau vierge présente une température de transition vitreuse de $-110,107$ °C et de $109,166$ °C pour le matériau vieillis, ce qui confirme l'augmentation de taux de cristallinité. En fin, Nous avons pu aussi effectuer des corrélations entre les essai de vidéo traction et la DSC, nous avons constaté que l'évolution des propriétés mécaniques de PE 100 (module de Young et limite d'élasticité) est proportionnelle avec l'augmentation de taux du cristallinité.

Concernant le positionnement du problème de la modélisation thermodynamique du comportement mécanique en traction du PEHD à l'état vierge et après un vieillissement thermique accéléré, nous avons situé notre description dans le cadre de la thermodynamique de la relaxation développé par Cunat. Il s'agissait pour nous d'introduire l'endommagement en grandes déformations et de prendre en compte les effets du vieillissement thermique.

Conclusion Générale

Dans ce travail de thèse, il nous a paru indispensable de faire un rappel des avancements significatifs concernant la modélisation thermodynamique du comportement mécanique du PEHD.

Le modèle numérique proposé et mis en œuvre dans nos travaux, nous nous sommes inspirés comme expliqué précédemment des travaux de M'rabet et Arieby. M'rabet a modélisé, selon l'approche DNLR, le comportement du PEHD en petite déformation. Dans le but prévoir le comportement de ce matériau en grande déformation, Arieby a, quant à lui, introduit les effets d'endommagement sous forme de module réel, dans le même modèle. Dans son approche, il ne reproduit, cependant, pas la croissance du module de Young au niveau de la phase de durcissement. Pour palier à ce manque, nous nous sommes inspiré de ces travaux et nous avons introduit, quant à nous, un endommagement sous forme de module effectif dans les équations (3.85) et (3.86). Ce changement, dans le modèle original, nous à permis de reproduire d'une manière satisfaisante qualitativement et quantitativement le comportement du PEHD a température ambiante.

D'après nos résultats expérimentaux sur les effets du vieillissement thermique isotherme sur le comportement mécanique en traction du PEHD, nous constatons une modification de certaines caractéristiques mécaniques (**augmentation de la limite élastique**), ainsi que sont comportement surtout au niveau de **durcissement**. En prenant appui, autant que possible, sur les observations émanant d'autres études ainsi que sur nos résultats expérimentaux, nous avons introduit un paramètre D (qui représente la perte de masse) dans notre modèle qui prend en compte les effets du vieillissement thermique sur le comportement mécanique en traction du PE100.

Le dernier chapitre a été consacré à la confrontation du modèle de la loi de comportement et des résultats expérimentaux. Le comportement du PEHD semi-cristallin est particulièrement complexe à modéliser bien que globalement les mécanismes élémentaires soient bien identifiés. L'approche DNLR se révèle tout à fait performante pour appréhender ce comportement en grandes déformations.

Perspectives

Les résultats présentés dans ce mémoire permettent d'envisager des extensions possibles à nos travaux sur les différents points abordés. Concernant notre investigation expérimentale, il est intéressant de faire des essais sous microscope électronique à balayage, ses essais in situ, permettraient certainement d'identifier les mécanismes réels de l'endommagement au cours de la sollicitation.

Conclusion Générale

Il est important d'augmenter encore les temps de vieillissement, et de chercher le temps et la température optimale pour pouvoir réalisé des corrélations entre la microstructure et les propriétés mécaniques.

Concernant la partie modélisation, nous avons développé un modèle thermodynamique permettant de reproduire le comportement mécanique en traction de PEHD à l'état vierge et vieilli. Des extensions sont nécessaires pour prendre en compte d'autre phénomène physique, à savoir l'évolution de la morphologie au cours de la sollicitation et du vieillissement.

Références bibliographiques

[1] **Argon AS**, **Cohen RE**. *Polymer 2003*; 44(19):6013-32.

[2] **G'Sell C, Hiver JM, Dahoun A**. *Int J Solids Struct 2002*; 39(13):3857-72.

[3] **E.J. Kramer**. *Microscopic and molecular fundamentals of crazing.* In: Kausch, H.H. (Ed.), crazing in polymers. Advances in polymers science, Vol. 52/53. Springer – Verlag, Berlin, 1983, 1-56

[4] **C. G'sell, J.M. Hiver, A. Dahoun, A. Souahi**. *Video- Controled tensile testing of polymers and metals beyond the necking point.* J. Mater. Sci., 27, 1992, 5031-5039.

[5] **C. Cunat**. *Approche statistique des propriétés thermodynamiques des états liquides et vitreux-* Relaxation des associations chimiques, Thèse, Nancy 1, France, 1985 ;

[6] **C. Cunat**. *Thermodynamic treatment of relaxation in frozen-* in systems – Universality of the fluctuation distribution law for relaxation time, Z. Phys. Chem. Neue Folge. 157, 1988, 419-423.

[7] **C. Cunat**. *A thermodynamic theory of relaxation based on a distribution of non linear processes*, J. Non Crystalline Solids 131/133, 1991, 196/199.

[8] **C. Cunat**. *Lois constitutives de matériaux complexes stable ou vieillissants –* Apports de la thermodynamique de la relaxation, Rev. Gen. Therm. 35, 1996, 680-685.

Références bibliographiques

[9] **C. Cunat**. *The DNLR approach and relaxation phenomena*: part I- Historical account and DNLR formalism. Mech. of Time Depend. Mater., 5, 2001, 39-65.

[10] **Gibbs, G.B.** *Thermodynamic systems for analysis of dislocation glide*. Phil. Mag. 22, 1970, 701–706.

[11] **De Donder**, *Leçons de Thermodynamique et de Chimie Physique*. Gauthier, Villars, Paris, 1920.

[12] **M€uller I.**, **Liu I.** *Extended thermodynamics of classical and degenerate gases*. Arch. Rational Mech. Anal. , 1983.

[13] **Truesdell C.A.**, **Noll W.** *The non-linear field theories of mechanics*. In: Hanbuch der Physic, vol.III. Springer, Berlin, pp. 29–72, 1965.

[14] **Brown N.**, **Ward I.M.**, *The influence of morphology and molecular weight on ductile brittle transitions in linear polyethylene*, J. Mater. Sci., 18(5), 1983, 2034-2051

[15] **G'sell C.**, **Haudin J.M**. *Introduction à la mécanique des polymères*, chapitre loi de comportement mécanique des polymères solides, Ed. INPL-MECAMAT-GFP-APPLOR-FIRTECH, 1995.

[16] **LEMAITRE J.**, **CHABOCHE J.L**. *Mécanique des matériaux solides*, Dunod, Paris, 1985.

[17] **Oudet C**. *Polymère: Structure et Propriétés – Introduction*. Masson, Paris, 1994.

[18] **MANDELKERN L**. *Crystallization Kinetics in high polymers*. II: Polymer – Diluent mixtures. J.Appl. Phys., 26, 1955, 443-451.

[19] **Haudin J.M**. *Relation mise en forme – morphologies cristallines dans les procédés*. CEMEF., Ecole Nationale des Mines de Paris, 1991.

Références bibliographiques

[20] **Ferrandez P.** *Adaptation de l'essai bipoinçonnement à l'étude des polymères. Influence des conditions de cristallisation sur le comportement rhéologique et tribologique d'un polyéthylène à haute densité.* Thèse de doctorat, 1987.

[21] **Fischer E.W. Lorenz R.** *Polymer 189*, 1963, pp97.

[22] **Keller A.** *Polymers crystals.* Volume 31, institute of physical society, London, UK, 1968.

[23] **Varga J.** Review. *Supermolecular structure of isotactic polypropylene.* J. Mater. Sci. 27(10), 1992, 2557-2579.

[24] **Coeuille F.** *Revêtements polymères de canalisation de fluide: Caractérisation et évolution de l'adhésion en milieu agressif.* Thèse, ENSMP, 2002.

[25] **Haudin J. M.** *Introduction à la mécanique des polymères, chapitres « structure et morphologies des polymères semi cristallins »*, Ed. INPL-MECAMAT-GFP-APPLOR-FIRTECH, 1995.

[26] **Hamouda H.B.H.** *Endommagement et fissuration en fluage de polyéthylène extrudé : approche globale- approche locale.* Thèse, ENSMP, 2000.

[27] **Cangemi L., Meimon Y.** *Une approche méso-macro continue pour la modélisation du comportement des polymères semi cristallins à usage structural.* Mécanique & Industrie, 3, 2002, 557 570

[28] **Monasse B., Queyroy S., Lhost O.** *Simulation par dynamique moléculaire de la déformation élastique et plastique de polyéthylène semi cristallins.* CFM, 2007.

[29] **Bowden P.B., Young R.J.** *deformation mechanisms in crystalline polymers.* J. Mater. Sci., 9(12), 1974, 2034-2051.

Références bibliographiques

[30] **Lin L., Argon A. S.** *Structure and plastic deformation of polyethylene.* J. Mater. Sci., 29(2), 1994, 294-323.

[31] **Peterlin A.** *Molecular model of drawing polyethylene and polypropylene.* J. Mater. Sci., 6, 1971, 490-508.

[32] **Pawlak A.** *Cavitation during tensile deformation of high-density polyethylene.* Polym. 48, 2007, 1397-1409.

[33] **Butler M.F., Donald A. M., Ryan A. J.** *Time resolved simultaneous small- and wide angle X-ray scattering during polyethylene deformation*, Polym., 39, 1998, 39-52.

[34] **Schneider K., Trabelsi S., Zafeiropoulos N. E., Davies R., Stamm M.** *The study of cavitation in HDPE using time resolved synchrotron X-ray scattering during tensile deformation.* Macromol. Symp., 236, 2006, 241-248.

[35] **Li D., Garmestani H., Kalidindi S. R., Alamo R.**, *Crystallographic texture evolution in high density polyethylene during uniaxial tension.* Polym., 42, 2001, 4903- 4913.

[36] **Dahoun A.** *Comportement plastique et textures de déformation des polymères semi cristallins en traction uniaxiale et en cisaillement simple.* Thèse, INPL, 1992.

[37] **G'sell C., Dahoun A.**, *Evolution of microstructure in semi-crystalline polymers under large plastic deformation.* Mater. Sci. and Eng., A175, 1994, 183-199.

[38] **Petermann J., Schultz J.M.** *Lamellar separation during the deformation of high-density polyethylene* J. Mater. Sci., 13(1), 1978, 50-54.

Références bibliographiques

[39] Castagnet S., **Gacougnolle J.L. Dang P**. *Correlation between macroscopical viscoelastic behaviour and micromechanisms in strained α polyvinylidene fluoride (PVDF)* J. Mater. Sci., A276, 2000, 152-159.

[40] **Bartczak Z., Galeski A., Argon A. S., Cohen R.E**. *On the plastic deformation of the amorphous component in semi crystalline polymers.* Polym., 37(11), 1996, 2113-2123.

[41] **Fond C., G'sell C**. *Localisation des déformations et mécaniques d'endommagements dans les polymères multiphasés.* Mécanique & industries, 3, 2002, 431-438.

[42] **Kichenin J**. *Comportement thermomécanique du polyéthylène : application aux structures gazières.* Thèse de doctorat, Ecole polytechnique, France, 1992.

[43] **Addiego F**. *Caractérisation de la variation volumique du polyéthylène au cours de la déformation plastique en traction et en fluage.* Thèse, INPL, 2006.

[44] **Aboulfaraj M., G'sell C., Ulrich B., Dahoun A**. *In situ observation of plastic deformation of polypropylene spherulites under uniaxial tension and simple shear in the scanning electron microscope.* Polym. 36, 1995, 731-742.

[45] **Perrin G**. *Analytic stress-strain relationship for isotropic network model of rubber elasticity.* Comptes rendus de l'académie des sciences, tome 328, 2000, 5-10.

[46] **Renault N**. *Etude de couplage thermomécanique du PEHD par essai mécaniques et inversion d'image infrarouge.* Thèse de doctorat, INPL, 2007.

[47] **G'sell C., Dahoun A., Addiego F., Hiver J.M**. *Influence de la deformation volumique sur la dissipation plastique des polymères.* Colloque national de la société française de métallurgiee et des matériaux, 2003.

Références bibliographiques

[48] **Addiego F., G'sell C., Dahoun A., Hiver J.M.** *Characterization of volume strain at large deformation under uniaxial tension in high-density polyethylene.* Polym. 47, 2006, 4387-4399.

[49] **WARD I.M., SWEENEY J.** *Mechanical properties of solid polymers.* London: Wiley, 2004.

[50] **ANDREWS E.H., STEVENSON A.** *Adhesive failure of epoxytitanium bonds in aqueous environments.* Journal of Adhesion, vol. 11, 1980, pp 17–40.

[51] **ST LAWRENCE, S., SHINOZAKI, D.M.** *Micromorphology-dependent mechanical properties of syndiotactic polystyrene.* Journal of Materials Science, 1998, vol. 33, pp.4059-4068.

[52] **KHANNA Y.P., TURI E.A., TAYLOR T.J.** *Dynamic mechanical relaxations in polyethylene.* Macromolecules, 1985, vol. 18, pp. 1302-1309.

[53] **CRIST B., FISHER C.J., HOWARD P.R.** *Mechanical properties of model polyethylenes: tensile elastic modulus and yield stress.* Macromolecules, 1989, vol. 22, pp. 1709-1718.

[54] **MCCULLOUGH R.L., WU C.T., SEFERIS J.C., et al.** *Predictions of limiting mechanical performance for anisotropic crystalline polymers.* Polymer Engineering and Science, 1976, vol. 16, pp. 371-387.

[55] **JANZEN, J.** *Elastic modulus of semicrystalline polyethylenes compared with theoretical micromechanical models for composites.* Polymer Engineering and Science, 1992, vol. 32, pp. 1242-1254.

[56] **Ward I.M.** *Mechanical properties of solid polymers.* 2^{ed} eddition, weily-interscience publication, 1985.

Références bibliographiques

[57] **Seguela R., Gaucher-Miri V., Elkoun S.** *Plastic deformation of polyethylene and ethylene copolymers. Part I: Homogeneous crystal slip and molecular mobility.* J. Mater. Sci., 33, 1998, 1273-1279.

[58] **Gaucher-Miri V., Depecker C., Seguela R.** *Reversible strain- induced order in the amorphous phase of a low- density ethylene/butene copolymer.* J. Polym. Sci. Part B: Polym. Phys. 35, 1997, 2151-2159

[59] **Hillmansen S., Hobeika S., Haward R.N., Leevers P.S.** *The effect of strain rate, temperature, and molecular mass on the tensile deformation of polyethylene.* Polym. Eng. Sci., 40, 2000, 481- 489

[60] **Hobeika S., Men Y., Strobi G.** *Temperature and strain rate independence of critical strains in polyethylene and poly (ethylene-co-vinyl acetate).* Macromolecules, 33, 2000, 1827- 1833

[61] **Hiss R., Hobeika S., Lynn C., Strobi G.** *Network stretching, slip processes and fragmentation of crystallites during uniaxial drawing of polyethylene and related copolymers. A comparative study.* Macromolecules, 32, 1999, 4390-4403.

[62] **Hongyi Z., Wilkes G.L.,** *Creep behaviour of high density polyethylene films having well – defined morphologies of stacked lamellae with and without an observable row-nucleated fibril structure.* Polym. 39, 1998, 3597-3609.

[63] **Jeong H.Y.**, *A new yield function and a hydrostatic stress-controlled void nucleation model for porous solids with pressure-sensitive matrices.* Int. J. Solids Structures. 39, 2002, 1385-1403.

[64] **Dobinson F, Preston J.** *New high-temperature polymers. II. Ordered aromatic copolyamides containing fused and multiple ring system.* J Polym Sci Part A-1 1966; 4:2093–105.

Références bibliographiques

[65] **K. Hachour, R. Ferhoum, M. Aberkane, F. Zairi and M. Nait Abdelaziz.**, *Experimental Characterisation and Effect of the Triaxiality on the Behaviour of the HDPE*. Damage and Fracture Mechanics: Failure Analysis of Engineering Materials and Structures, 43-48. Springer Science. (2009).

[66] **Hale WF, Farnham AG, Johnson RN, Clendinning RA**. *Poly(aryl ethers) by nucleophilic aromatic substitution. II. Thermal study*. J Polym Sci Part A-1 Polym Chem 1967; 5:2399–414

[67] **Andrews E.H. et Stevenson A**. *Adhesive failure of epoxy titanium bonds in aqueous environments*. Journal of Adhesion, vol. 11, 1980, pp 17–40

[68] **Zanni-Deffarges M-P. et Shanahan M.E.R**. *Diffusion of water into an epoxy adhesive: comparison between bulk behaviour and adhesive joints*. International Journal of Adhesion and Adhesives, vol. 15, (1995), pp 137–142.

[69] **Verdu J**. *Vieillissement physique des plastiques*. Techniques de l'Ingénieur, (1990), vol. A

3 150.

[70] **Loos A.C. et Springer G.S**. *Moisture absorption of graphite-epoxy composites immersed in liquids and in humid air*. Journal of Composite Materials, vol. 13, (1979), pp 131–147.

[71] **Wright W.W**. *Tetraglycidyldiaminodiphenylmethane-based epoxy resin systems*

for aerospace applications. A review. I. Composites Polymers, vol. 2, (1989), pp 275–324.

Références bibliographiques

[72] Xiao G.Z. ET Shanahan M.E.R. *Irreversible effects of hygrothermal aging on DGEBA/DDA epoxy resin*. Journal of Applied Polymer Science, vol. 69, (1998), pp 363–369.

[73] **Loh W.K., Crocombe A.D., Abdel Wahab M.M., ET Ashcroft I.A.** *Modelling anomalus moisture uptake, swelling and thermal characteristics of rubber toughened epoxy adhesive*. International Journal of Adhesion and Adhesives, vol. 25, (2005), pp 1–12.

[74] **Crist B., Metaxas C.** *Neck propagation in polyethylene*. J. Polym. Sci. Part B: Polym. Phys. 42, 2004, 2081-2091

[75] **Marquez- Lucero A., G'sell C. Neale K.W.** *Experimental investigation of neck propagation in polymers*. Polym. 30, 1989, 636-642.

[76] **Guggenheim E.A., Fowler R.H.** *Statistical thermodynamics: a version of statistical mechanics for students of physics and chemistry*. Cambridge: the university press, 1939.

[77] **Zairi F., Nait Abdelaziz M., Woznika K., Gloaguen J.M.** *Constitutive equations for the viscoplastic damage behaviour of a rubber modified polymer*. European journal of mechanics A/solids. 24, 2005, 169-182

[78] **Jeong H.Y.** *A new yield function and a hydrostatic stress controlled void nucleation model for porous solids with pressure-sensitive matrices*. Int. J. solids structures. 39. 2002. 1385-1405.

[79] **Lafarge M.** *Modélisation couplée comportement endommagement et critère de rupture dans le domaine de transition du PVDF*. Thèse, ENSMP, 2004.

[80] **Bonder S.R., Partom Y.** *Constitutive equations for elastic-viscoplastic strain – hardening materials*. J. Appl. Mech. 42, 1975, 385-389.

Références bibliographiques

[81] **Frank G.J., Brockman R.A**. *A viscoelastic-viscoplastic constitutive model for glassy polymers*. Int. J. solids structures, 38, 2001, 5149-5164

[82] **Kachanov L.M**. *Time of the rupture process under creep conditions*, Izv. Akad. Nauk. S.S.R. Otd. 1958, 8, 26-31.

[83] **Rabotnov Y.N**. *Creep problems in structural members*. North Holland Publishing Company, 1969.

[84] **Lemaître J., Chaboche J.L**. Mécanique des matériaux solides, Dunod, Paris, 1985.

[85] **Tang C. Y., Lee. W.B**. *Damage mechanics applied to elastic properties of polymers*. Engineering Fracture Mechanics, 52, 1994, 717-729.

[86] **Marsden E., Hughes T.J.R**. Mathematical foundations of elasticity. Prentice – hall, Englewood Cliffs, 1983, 556p.

[87] **Ogden R.W**. *large deformation isotropic elasticity – on the correlation of theory and experiment for uncompressible rubber like solids*. Proceedings of the royal society of London A., 1972, Vol. 326, pp. 565-584.

[88] **Treloar L.R.G**. *Stress-strain data for vulcanised rubber under various types of deformation*. Transaction faraday society, 1944, vol. 40, pp.59-70.

[89] **Arruda E.M., Boyce M.C**. *A three dimensional constitutive model for the large stretch behaviour of rubber elastic materials*. Journal of mechanicals and physics of solids, 1993, vol.42, N°2, pp389-412.

[90] **Ogden R.W**. *Non linear elastic deformations*. Wiley et Sons, New York, 1984, 532p.

Références bibliographiques

[91]   **Weiss J.A.** *A constitutive model and finite element representation for transversely isotropic soft tissues.* Thèse de doctorat, département de biomécanique, université d'Utaf, 1994.

[92]   **Weiss J.A., Maker B.N., Govindjee S.** *finite element implementation of incompressible, transversely isotropic hyperelasticity.* Computer methods in applied mechanics and engineering, 1996, vol. 135, pp.107-128.

[93]   **Holzapfel G.A., Gasser T.C.** *A viscoelastic model for fiber-reinforced composite at finite strains: continuum basis and computational aspects and applications.* Computer methods in applied mechanics and engineering, 2001, vol. 132, pp.45-61.

[94]   **Milani A.S., Nemes J.A.** *An intelligent inverse method for characterization of textile reinforced thermoplastic constitutive model.* Composites science and technology, 2004, vol. 64, pp. 1565-1576.

[95]   **Itskov M, Aksel N.,** *A class of orthotropic and transversely isotropic hyperelastic constitutive models based on a polyconvex strain energy function.* International journal of solids and structures, 2004, vol.41, pp.3833-3848.

[96]   **Prigogine I.** *Introduction à la thermodynamique des processus irréversibles,* Dunod, Paris, 1968.

[97]   **Meixner J.Z.** *thermodynamik und relaxationserscheinungen.* Naturforsch. 4a, 1949, 504-600.

[98]   **Aboulfaraj M., G'sell C., Ulrich B., Dahoun A.** *In situ observation of plastic observation of polypropylene sphérolites under uniaxial tension and simple shear in the scanning electron microscope,* polym.36, 1995, 731-742

[99]   **Ayadi Z.** *Contribution à la modélisation du comportement mécanique de polymères à partir d'une approche thermodynamique de la relaxation des*

Références bibliographiques

milieux continus – application aux expériences de fluage-recouvrance. Thèse, INPL, 1995.

[100] **Loukil M.** *Modélisation des surfaces de plasticité à partir d'une approche de la thermodynamique de la relaxation des milieu continus.* Thèse, INPL, 1996.

[101] **Tie Bi R., Dupre J.C.** *Thermomechanical parameters measurement by optical methods: application on polymers.* EUROMAT 2000, Advances in mechanical behaviour, plasticity and damage, Tours, pp. 929-934, 2000.

[102] **Merriman H.G., Caruthers J.H.** *Nonlinear stress relaxation of a styrene-butadiene random copolymers,* J. Polym., Sci., 19, 1981, 1055-1071.

[103] **Arieby R.** *Caractérisation mécanique et modélisation thermodynamique du comportement anisotrope du polyéthylène à haute densité. Intégration des effets d'endommagement.* Thèse, INPL, 2007.

[104] **Kovacs A.J.** *Transition vitreuse dans les polymères amorphes – étude phénoménologique.* Fortschr. Hochpol. Forsch. 3, 1963, 394-507.

[105] **Jouguet E.** *Cours de machines,* 1920-1921, 1921 (lith.) ; pour école centrales des arts et manufactures, Paris.

[106] **Marceron P.** *Sur le rôle des potentiels généralisés en thermodynamique de la relaxation. Application au comportement mécanique des polymères. De la loi locale au calcul de structure.* Thèse, INPL, 1999.

[107] **M'rabet K.** *Comportement mécanique en grandes déformations du polyéthylène à haute densité : approche thermodynamique de l'état relaxé.* Thèse, INPL, 2003.

Oui, je veux morebooks!

i want morebooks!

Buy your books fast and straightforward online - at one of world's fastest growing online book stores! Environmentally sound due to Print-on-Demand technologies.

Buy your books online at
www.get-morebooks.com

Achetez vos livres en ligne, vite et bien, sur l'une des librairies en ligne les plus performantes au monde!
En protégeant nos ressources et notre environnement grâce à l'impression à la demande.

La librairie en ligne pour acheter plus vite
www.morebooks.fr

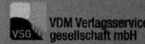

VDM Verlagsservicegesellschaft mbH
Heinrich-Böcking-Str. 6-8   Telefon: +49 681 3720 174   info@vdm-vsg.de
D - 66121 Saarbrücken   Telefax: +49 681 3720 1749   www.vdm-vsg.de

Printed by Books on Demand GmbH, Norderstedt / Germany